SV

Norbert Gstrein

Wem gehört eine Geschichte?

Fakten, Fiktionen
und ein Beweismittel
gegen alle Wahrscheinlichkeit
des wirklichen Lebens

Suhrkamp

© Suhrkamp Verlag Frankfurt am Main 2004
Originalausgabe
Alle Rechte vorbehalten, insbesondere das der Übersetzung,
des öffentlichen Vortrags sowie der Übertragung durch Rundfunk
und Fernsehen, auch einzelner Teile.
Kein Teil des Werkes darf in irgendeiner Form
(durch Fotografie, Mikrofilm oder andere Verfahren)
ohne schriftliche Genehmigung des Verlages reproduziert
oder unter Verwendung elektronischer Systeme verarbeitet,
vervielfältigt oder verbreitet werden.
Druck: Nomos Verlagsgesellschaft, Baden-Baden
Printed in Germany
Erste Auflage 2004
ISBN 3-518-41637-5

1 2 3 4 5 - 09 08 07 06 05 04

Wem gehört eine Geschichte?

Von einem Schauspieler wird erzählt, er habe jedes Mal tosenden Applaus eingeheimst, wenn er auf der Bühne scheinbar Selbstmord beging, und nur ein einziges Mal, das einzige und letzte Mal, an dem er es zwar theatralisch, aber wahrhaftig tat … dieses eine Mal sei er ausgepfiffen worden.

Miguel de Unamuno
Wie man einen Roman macht

für Helena

Die Versuche, meinen Roman *Das Handwerk des Tötens* mit manchmal abenteuerlich anmutenden »Entschlüsselungen« der darin vorkommenden Figuren zu skandalisieren, haben in mir das Bedürfnis geweckt, offenzulegen, wie es in ihm um das Verhältnis zwischen Fakten und Fiktion bestellt ist. Soweit ich das vermag, möchte ich mich damit sowohl gegen den Vorwurf verwahren, ich hätte beide unzulässig vermischt, als auch die dem zugrunde liegende naive Vorstellung sichtbar machen, ich könnte meine an eine »wahre Begebenheit« angelehnte Geschichte Personen geklaut haben, die sich den Glauben anmaßen, sie gehöre ihnen, und darüber verfügen wollen, wer sie erzählen dürfe und wer nicht. Es ist mir bewußt, wie heikel sich das anhört, und in welche Seichtheiten man geraten kann, wenn man nachvollziehen will, was passiert ist, weil sich vieles im Halbdunkeln abspielt, im Gemauschel und Gewimmel der literarischen Salons und Saloons, wie Danilo Kiš das unerfreuliche Milieu einmal beschrieben hat, und man Gefahr läuft, in die Falle zu gehen und sich in Argumenten zu verlieren, die bestenfalls für ein heiteres Bezirksgericht taugen. Wenn ich es trotzdem versuchen will, so auch deshalb, weil sich damit über den Fall hinaus

9

zeigen läßt, wie beim Erzählen eine neue Art von Realität konstruiert wird und wie ausgerechnet einem Schreibverfahren, das die Konstruiertheit aller Realität betont, unterstellt werden kann, nichts als eine platte und damit selbstverständlich unzulängliche Abbildung der Wirklichkeit zu liefern und allen Aufwand nur zu betreiben, um das und seine eigene Verworfenheit zu kaschieren.

Der andere Grund, warum ich mich auf die unsichere Erkundung einlasse, ist schwerer zu benennen, weil es dabei um die Ehre geht und allein schon das Wort etwas Veraltetes und für viele nachgerade Lächerliches hat und es um so müßiger erscheinen mag, darauf zu beharren, als zumindest der Troß der skandalsüchtigen Halb- und Dreiviertelalphabeten sich längst am nächsten Strohfeuer wärmt und wahrscheinlich kaum verstehen wird, wenn einer in der bereits erkalteten Asche herumstochert und eine Bestandsaufnahme des Schadens unternimmt.

Etwas anderes bleibt mir aber nicht übrig, weil es für mich keine Lappalie ist, mich der Anschuldigung ausgesetzt zu sehen, einem Toten übel nachgeredet zu haben, noch dazu einem, der einmal vor Jahren, wenigstens ein paar Monate lang, so etwas wie ein Freund gewesen ist und dem übel nachzureden ich nicht den geringsten Anlaß habe.

Es ist viel spekuliert worden über den Satz, den ich dem Roman vorangestellt habe, »zur Erinnerung an Gabriel Grüner (1963-1999), über dessen Leben und dessen Tod ich zu wenig weiß, als daß ich davon erzählen könnte«. Für diejenigen, die das aus den verschiedensten Gründen so wollten, konnte damit nicht gemeint sein, was er ausdrückte, eine vorsichtig distanzierende Respektsbezeugung, nein, ich mußte etwas im Schild führen, und wenn schon nicht mehr, dann mindestens ein Schielen nach einer Aufmerksamkeit, die angeblich mit der Nennung des Namens an prominenter Stelle verbürgt war. Sooft ich auch wiederholte, daß ich nur die grundsätzliche Skepsis zum Ausdruck brachte, die mein Schreiben vorantreibt und gleichzeitig behindert, sooft ich mich zu der Aussage verstieg, daß dahinter in kürzester Form meine Poetik stecke, und mich auf das biblische Gebot berief, sich kein Bild zu machen, oder gar den Satz von Uwe Johnson zitierte, »Wo die Realität nur ungenau bekannt ist, würde ich nicht versuchen, sie bekannter darzustellen«, es half nichts. Entweder ich hatte eine Geschichte, die sich in klaren, traurigen Worten erzählen ließ oder, noch besser, eine, die lustig war, oder ich sollte zugeben, daß meine Fiktion einem feigen Versteckspielen Vorschub leistete und ich in Wirklichkeit über eine reale Person schrieb und mich damit an ihr verging, um mich selbst in den Vordergrund zu setzen.

Der aus Südtirol stammende Journalist Gabriel Grüner ist am 13. Juni 1999 zusammen mit dem Photographen Volker Krämer und dem Dolmetscher Senol Alit auf einem Bergpaß in der Nähe der Ortschaft Dulje im Kosovo erschossen worden, und ich weiß nicht, ob die genauen Umstände seither bekannt sind, ich bemühe mich jedenfalls nicht, sie weiter aufzudecken, denn am Ende selbst der minuziösesten Nachforschungen gäbe es doch keine Antwort auf die Frage, warum. Es macht auch keinen wirklichen Unterschied, ob sie in einen geplanten Hinterhalt geraten waren oder ob es ein Zufall war, so sinnlos erscheint dieser Tod, und Wendungen wie »am letzten Tag des Krieges« oder »am ersten Tag des Friedens« drücken nur die Hilflosigkeit aus, weil in Wirklichkeit weder Frieden noch Krieg herrschte, in den Tagen nach dem Einmarsch internationaler Truppen in die serbische Provinz.

Meine erste Reaktion, als ich von dem Tod hörte, war dennoch nicht Ungläubigkeit, wie es so oft heißt, eher ein Zögern, die Verbindung herzustellen zwischen der Nachricht und einer Tatsache, als könnte ich es damit ungeschehen machen, und es wäre nur etwas, das wie so vieles in den Zeitungen stand, schnell gelesen und tags darauf, so furchtbar es sein mochte, nicht nur vergessen, sondern gar nicht passiert. Ich war in Frankfurt, im Verlag in der Lindenstraße, und augenblicklich alarmiert, als mein Lektor sagte, im Kosovo seien zwei Journalisten umgekommen, und er fürchte, einer von ihnen könnte der Bekannte sein, von dem ich ihm unlängst erzählt hatte, aber es vergingen noch ein oder zwei Stunden, wenn ich mich richtig erinnere, bis ich endlich aus dem Haus kam und auf der Bockenheimer Landstraße zu einem Kiosk eilte und dort die riesige Schlagzeile sah, *Der feige Mord*, und die beiden Portraitphotos daneben.

Es war jedoch das Bild darüber, das zuerst meine Aufmerksamkeit auf sich zog, ein Toter am Straßenrand, in blauem Hemd und heller Hose, sein Gesicht nicht erkennbar, halb dem Betrachter zugekehrt, in einer Blutlache, die man bei der schlechten Druckqualität und der zu großen Auflösung erst auf den zweiten Blick ausmachen konnte. Ich dachte sofort, das darf nicht sein, eine derartige Abbildung, auf der er schutzlos dalag, wie er tatsächlich dagelegen war, denn auch wenn er in Wirklichkeit nach Stunden von einem Spähtrupp der Bundeswehr geborgen wurde, auf dem Photo blieb er, millionenfach vervielfältigt, für immer so liegen. Es stellte die Leiche des Photographen zur Schau, »von einem Kopfschuß tödlich getroffen«, wie es darunter hieß, und diese Aufnahme sollte knapp zwei Jahre später auch das Hamburger Magazin abbilden, für das die beiden gearbeitet hatten. Mochte es im ersten Schock noch Skrupel gegeben haben, solches Material zu verwenden, waren die nun verschwunden, die Konturen des Körpers darauf auch viel schärfer, die Augenpartie dafür unkenntlich gemacht, und es zeigte einen größeren Ausschnitt, auf dem ein davonfahrender Panzer samt seinen Kettenspuren zu sehen war, ein Metallteil, das eine Radkappe sein konnte, sowie zwei andere, vielleicht Patronenhülsen, und im Hintergrund ein Stück einer Grasböschung, ein paar Sträucher und einen wolkenlosen Himmel.

Es illustriert dort einen Bericht zu den Ermittlungen über die Hintergründe der Katastrophe, und da gibt es dann auch ein Bild von Gabriel Grüner, das sich nicht anschauen läßt, ohne daß einem elend wird ob seiner Ausgesetztheit. Er liegt auf einer Bahre, noch am Leben, und eine Ärztin und ihre Helfer von Médecins sans Frontières, die zufällig am Ort vorbeigekommen waren, versorgen ihn. Der Blick richtet sich unweigerlich zuerst auf sein Gesicht, irrt gleich danach aber schon über das blutverschmierte Hemd und den notdürftig angelegten Verband um seinen Bauch und bleibt schließlich an seiner rechten Hand hängen, die auf dem aufgestützten Arm hochgestreckt ist, die Finger gekrümmt wie die eines Kindes, Daumen und Zeigefinger an den Kuppen zusammen, als müßte er eine schwierige Aufgabe bewältigen, die Feinarbeit verlangte, oder gar seine Rettung selbst dirigieren.

»He did the business well«, heißt es desillusioniert und im Bewußtsein der unauflösbaren Paradoxie, die das in der Situation ausdrückte, in dem Gedicht *Died of Wounds* von Siegfried Sassoon, geschrieben 1916, aber es gibt keine Worte, die angemessen wären, und schon gar nicht die Worte, die sich in dem Artikel über Gabriel Grüner finden und aus ihm in rasanter Zeitgeistigkeit einen »Feingeist mit Humor« machen, »der Fußball, guten Wein und vor allem Gerechtigkeit liebte«. Das zu lesen und dann auf das Bild zu schauen und es wieder zu lesen tut weh, und das einzig Sinnvolle kann wohl der Uniformierte sagen, der, auf dem Photo über ihn gebeugt, auf ihn einredet. Er hält mit der einen behandschuhten Hand die Sauerstoffmaske fest und hat die andere beschwörend über ihn gehoben, die Finger gestreckt, als würde er zählen, und was er auch von sich geben mag, es meint immer nur ein und dasselbe.

Für mich sind es die Worte, die Jorge Semprun nach der Erinnerung in seinem Buch *Schreiben oder Leben* beim Sterben seines Freundes Diego Morales

15

in Buchenwald zitiert. Die eigenen Worte reichen nicht, und er ruft César Vallejo zu Hilfe, wie ich ihn jetzt zu Hilfe rufe. »Stirb nicht«, lautet die Gedichtzeile, und auf spanisch klingt es noch drängender, wie eine atavistische Auflehnung gegen das Unabänderliche: »¡No mueras; te amo tanto!«

Ich hatte mit Gabriel Grüner kurz vor seinem Tod telephoniert, und ich erinnere mich, wir redeten unter anderem über den Briefwechsel zwischen Max Frisch und Uwe Johnson, der nicht lange davor erschienen war, und über ein Interview, das er mit Siegfried Unseld zu dessen fünfundsiebzigstem Geburtstag führen wollte. Er war in Skopje und wartete mit anderen Journalisten auf den Beginn der Militäroperationen, die das Kosovo befrieden sollten, und wenn mich im nachhinein etwas wundert, so vor allem, wie wenig er über die Situation gesprochen hat, in der er sich befand, wenig oder gar nicht darüber, wie es ihm ging, außer daß ihn die Untätigkeit langweilte und er es kaum erwarten konnte, alles hinter sich zu haben und nach Hause zu kommen. Auch die paar Mal, die ich ihn in den Jahren davor getroffen hatte, erzählte er kaum je von sich, waren statt dessen früher oder später immer Bücher das Thema, und ich halte es jetzt für ein Versäumnis, ihn nie genauer gefragt zu haben, wie es war, sein Leben als Kriegsberichterstatter, das ihn in

der Zeit wieder und wieder in das zerfallende Jugoslawien geführt hatte und darüber hinaus in die
Krisengebiete rund um die Welt, nach Afghanistan,
Algerien, Somalia oder in den Sudan. Ich habe ihn
zu wenig gekannt, um sagen zu können, wie sehr er
sich dadurch verändert hat, er war vielleicht nicht
mehr der Schwärmer, als der er mir während des
Studiums in Innsbruck begegnet war, aber er wollte
immer noch wissen, was ich gerade las, und empfahl
meistens selbst etwas, das ich unbedingt lesen sollte,
und wenn überhaupt, waren seine Interessen dabei
nur entschiedener geworden, als könnte man ihm
nach allem, was ihm unter die Augen gekommen
war, nichts mehr vormachen, und es mußte schon
etwas Besonderes sein, damit er nicht mit einem
müden und nachsichtigen Lächeln antwortete.

Es ist jedenfalls kein Zufall, daß er mich lange vor
dem Nobelpreis auf V. S. Naipaul und dessen Roman *A Bend in the River* hingewiesen hat, weil das
für ihn einer der Autoren war, die eine Welt beschrieben, mit der er selbst zu tun hatte, und das
Afrika, das für mich darin entstand, samt seiner
Atmosphäre latenter und plötzlich hervorbrechen-
der Gewalt, schlug sich dann in meinem naiven Bild
von Bosnien nieder. Denn es waren trotz aller realer
Schreckensmeldungen in den Zeitungen letztend-
lich literarische Vorstellungen, die ich davon hatte,

Hirngespinste, wenn man so will, bevor ich zum ersten Mal einen Fuß in das Land gesetzt habe, und ich weiß noch, daß ich damals an die Überschwenglichkeit dachte, mit der er mir das Buch empfohlen hatte, die Begeisterung über dessen geradezu flirrenden Realismus. Es war im Sommer 2000 in Slavonski Brod, an der Grenze, und wahrscheinlich der Biegung zu verdanken, die, träge und breit, die Save an der Stelle macht, daß mir der Titel wieder einfiel, und wie er darüber gesprochen hatte, und ich auf das andere Ufer hinübersah, als müßte ich drüben Gestalten bemerken, die sich aus den Seiten dieses Meisterwerks in die Wirklichkeit verirrt hatten, um dort ihren Schrecken zu verbreiten.

Damit bin ich mitten in den Erinnerungen, die mich mit Gabriel Grüner verbinden, und es ist ernüchternd, zu erkennen, wie wenige es sind. Mögen es die ein oder zwei Besuche in seiner Wohnung sein, noch in den achtziger Jahren, die paar Treffen in irgendwelchen Innsbrucker Lokalen oder einmal zufällig in der Bibliothek des Instituts für Germanistik, wo ich einige Wochen lang zum Lesen hingegangen war, es bleiben Episoden, die sich gegenseitig überlagern, oder einzelne, bestenfalls für Anekdoten taugliche Bruchstücke, wie etwa die Tatsache, daß er eine Zeitlang in Hans Christoph Buch ausgerechnet mit dem Autor vergeblich in

Kontakt zu treten versuchte, der mehr als zehn Jahre später selbst im Gefolge deutscher Truppen im Kosovo war und darüber schrieb. Es sind undeutliche Bilder, und am deutlichsten im Kopf habe ich, wie ich, nach einem Dreivierteljahr aus den USA zurück und ausgehungert nach Leuten, bei einem Open-air-Konzert im Bergisel-Stadion ihn als ersten Bekannten getroffen habe, und wie dieser Zufall Teil meines damals noch möglichen Heimkommens gewesen ist. Seine Ernsthaftigkeit, ja, daran erinnere ich mich, oder an etwas, das ich melancholische Ironie nennen würde, und das begegnet mir wieder in den Photos, die ich seither von ihm zu sehen bekommen habe. Es war jedenfalls das, die Sicherheit und Unsicherheit in seinem Blick, und etwas in seiner Sprache, das mich damals sofort Zutrauen hat fassen lassen, eine ähnliche Färbung im Dialekt, die es in den Dörfern gab, in denen wir aufgewachsen waren, und das spielte bei den Telephonaten eine Rolle, nachdem wir uns so gut wie aus den Augen verloren hatten, es war selbst nach Jahren immer eine sofort wiederhergestellte Vertrautheit. Dazu eine Handvoll Briefe, ich habe seine mit meinen Büchern aus jener Zeit in Bananenschachteln auf einem Dachboden verstaut und erinnere mich von meinen allein an die stehende Anrede, »Lieber Gabriel García«, und einige wenige

Verabredungen, zwei in Tirol und zwei weitere in Hamburg, die letzte ein paar Wochen vor seinem Tod, bei der ich ihm unter anderem erzählte, daß die Hauptfigur in meinem kurz vor der Veröffentlichung stehenden Roman *Die englischen Jahre* seinen Vornamen tragen sollte.

Ich weiß noch, was er darauf sagte.

»Schreib halt nicht schlecht über mich.«

Hält man sich an die Meinung von literarischen Hobbydetektiven und läßt außer acht, welche persönlichen Motive möglicherweise dahinterstecken, soll ich das aber vier Jahre später mit dem Erscheinen meines darauffolgenden Romans tatsächlich getan haben, in dem es zwar um einen Kriegsberichterstatter geht, der im Kosovo ums Leben kommt, der ansonsten aber, abgesehen von ein paar äußeren Daten, nichts mit Gabriel Grüner gemein hat. Für mich braucht es einen ganz besonderen Sachverstand, auf Biegen und Brechen Übereinstimmungen zu suchen und die weit überwiegenden Nichtübereinstimmungen auszublenden und aufgrund dessen den Vorwurf zu erheben, meine Darstellung des Toten sei verzerrt, statt sich die Frage zu stellen, ob es überhaupt eine Darstellung von ihm ist, und wenn nicht, wer oder was in ihrem Zentrum stehen könnte. Dahinter verbirgt sich das alte Problem von Schlüsselromanen, die keine sind und erst durch die vermeintliche Entschlüsselung dazu werden, und wenn ich das muntere Vorgehen betrachte, das manche Damen und Herren dabei an den Tag gelegt haben, frage ich mich manchmal, was sie bei einer polizeilichen Gegenüberstellung tun würden, ob sie nicht mit ihrem schnellen Urteil alle vor ihnen Aufgereihten wenn schon nicht an den Galgen, so doch ins Gefängnis bringen würden, den mutmaßlichen Täter genauso wie die neben ihm stehenden Unschuldigen, die ihm nicht einmal ähnlich sehen, aber, um das Klischee voll zu machen, ein gebrochenes Deutsch sprechen und die gleiche niedrige Stirn haben wie er, das gleiche dunkle Haar, den gleichen finsteren Schnurrbart und alles in allem die gleiche Verbrechervisage, die sie sofort erkannt haben.

Vielleicht sollte ich für diese paar Aufrechten und ihre Handlanger, die dann tatsächlich nach dem Richter gerufen haben, noch einmal ausdrücklich sagen, ich habe weder einen Roman über Gabriel Grüner geschrieben, noch habe ich vorgehabt, einen über ihn zu schreiben, und es ist auch nicht zuallererst sein Schicksal, das mich dazu gebracht hat, mich für Jugoslawien und sein Ende zu interessieren. Wenn es nach ihnen ginge, müßte ich mich am Tag nach der Meldung über seinen Tod hingesetzt und mit meiner schändlichen Arbeit angefangen haben, geradeso, als könnte ich mir nichts Besseres vorstellen als eine schlechte Nachricht, weil sie für mich selbstverständlich eine gute wäre. Damit unterstellen sie mir den Zynismus, der gemeinhin den Sensationsjournalisten zugeschrieben wird, als die sie sich selbst gebärden, und könnten doch, wenn sie nur wollten (oder in der Lage wären), erkennen, wie die Konstruktion meines Buches von Anfang bis Ende darauf angelegt ist, genau diese Scheinerregung zu thematisieren.

Denn darin befragt der Erzähler in einem fort, was sein Journalistenfreund Paul eigentlich tut, wenn er sich dranmacht, einen Roman über einen ihm bekannten Kriegsberichterstatter zu schreiben. Er reflektiert die möglichen Kurzschlüsse, mit denen er dabei konfrontiert wird, und warnt ihn einmal sogar ausdrücklich, indem er sagt, »ein Toter macht noch keinen Roman«. Damit ist er sein personifiziertes Über-Ich, das sein Tun und Treiben kritisch betrachtet, genauso wie er selbst unter Vorbehalt stellt, was er über das Objekt seiner Aufmerksamkeit herausfindet oder herauszufinden glaubt, nämlich »daß es ja wirklich *Landschaften nach der Schlacht* waren und man in ihrer Beschreibung gar nichts mehr richtig machen konnte, weil es von vornherein zu spät war und sich mit dem Geschriebenen kein Toter mehr zum Leben erwecken ließ«.

Der so formulierte paradoxe Anspruch eines Kriegsberichterstatters, der in meinem Roman Christian Allmayer heißt, macht sein Scheitern zu einem notwendigen Scheitern, das die Würde einer unausweichlichen Tragik hat. Denn nicht nur, daß er ein solches Wunder nicht vollbringen kann, obwohl er es von sich verlangt, nein, er gerät plötzlich in eine Situation, in der das genaue Gegenteil von ihm erwartet wird. Als er nämlich einen Kriegsherrn an der serbisch-kroatischen Front bei einem Interview fragt, wie es ist, jemanden umzubringen, gibt der zuerst nur ausweichende Antworten, um ihn schließlich aufzufordern, selbst ein Gewehr in die Hand zu nehmen und es zu probieren, wie es bei den serbischen Belagerern von Sarajevo und den Journalisten, die sie in ihren Stellungen aufsuchten, tatsächlich immer wieder vorgekommen sein soll.

Mir ging es bei der Figur um das Exemplarische der Erfahrung von jemandem, der als Beobachter und scheinbar Unbeteiligter in einen Krieg geht, und ich kann nicht sagen, wo bei all dem Gabriel Grüner bleibt, was auf ihn zutrifft und was nicht. So widersprüchlich es klingt, seine Anwesenheit hat sich für mich immer am ehesten im Schock der Erkenntnis über seine Abwesenheit manifestiert, wenn ich bei meinen Reisen in Bosnien und Kroatien gerade nicht an ihn und seinen Tod gedacht habe und dann doch von dem Gedanken überfallen worden bin, daß er knapp zehn Jahre oder noch kürzer davor am gleichen Ort gewesen war, ob in Ostslawonien, vor der Belagerung und Zerstörung von Vukovar, an der Adriaküste, als Šibenik beschossen wurde, oder in Knin nach der Eroberung der Krajina durch die kroatische Armee und der Vertreibung der Serben. Die Leere der Nachkriegslandschaften mit ihren Geisterdörfern und den oft bis auf die Grundmauern zerstörten Häusern war für mich immer auch eine Leere, die mit ihm zu tun hatte, die Gott- und Menschenverlassenheit mancher dieser Gegenden, mochten sie noch so nahe an den Trampelpfaden liegen, auf denen längst wieder Urlauber auf der Suche nach der billigsten Sonne Europas unterwegs waren, wie es schon in den sechziger Jahren auf einem Plakat der jugoslawischen Tourismusindustrie geheißen hatte. Ich habe die Orte nicht mit seinen Augen gesehen, natürlich nicht, aber mit den Augen von einem, der ihn mit dem Wissen darin herumgehen sieht, daß er sterben wird, der Blick auf ihn wie auf eine Serie lange vor seiner Zeit aufgenommener Photos, eine Wahrnehmung, ich kann es nicht anders sagen, wie unter Wasser, oder zumindest als wäre der Ton abgedreht.

Es war in der Nähe des Dorfes Islam im Hinterland von Zadar, mit seinen beiden Teilen Islam-Grčki und Islam-Latinski, wo ich zum ersten Mal in ehemaliges Kampfgebiet gekommen bin und diese andere Stille wahrgenommen habe. Sie erschien mir als eine auf unbestimmte Zeit verlängerte Schweigeminute, angesichts der dachlosen Gebäude, aus denen Sträucher in einen wie immer blauen Frühlingshimmel wuchsen, und der vom Geklecker der Granatspuren über und über gesprenkelten Mauern. Zusammen mit dem Stillstand in der Mittagshitze, in dem jede Bewegung die erste Bewegung überhaupt hätte sein können, hatte es etwas, nein, nichts Paradiesisches, und es war auch nicht der Augenblick nach der Erschaffung der Welt, ganz und gar nicht, vielmehr erweckte die Welt den Anschein, wie ein Mensch nach einem Schlaganfall erst wieder alles von neuem zu erlernen und noch nicht richtig in Übung zu sein. Ich habe nie vorher und nie nachher eine solche Fragilität erlebt, geradeso, als müßte ein Gott, wenn es ihn gäbe, sich aufs äußerste konzentrieren, damit es ihm wenigstens gelang, das zusammenzuhalten, was zu sehen war, ein im Unrat spielendes Kind, ein vor dem Rohbau seines Hauses sitzendes Paar und den Tag, der sich am Ende eingliedern sollte in die Tage vor ihm und nach ihm, ohne daß eine neue Katastrophe passiert war. Wenn ein Auto vorbeifuhr, dauerte es eine halbe Ewigkeit, bis sein Lärm sich verloren hatte und es in der Ferne verschwunden war, und genauso ging dort für mich auch alles andere vor sich, mit einer Langsamkeit und Deutlichkeit, die ihr Äquivalent am ehesten in den Bildern naiver Maler hat. Ich habe die Atmosphäre in meinem Roman zu beschreiben versucht, es dann aber aufgegeben, weil ich mich regelrecht zurückhalten mußte, nicht von dem Eindruck zu sprechen, in der scheinbaren Reglosigkeit plötzlich den Taumel der Erde durch den Raum gespürt zu haben.

Die Friedlichkeit, die das Dorf ausstrahlte, hatte in Anbetracht der nur allzu sichtbaren Zerstörung etwas geradezu Obszönes, und tatsächlich war meine erste Reaktion auch nicht Entsetzen, sondern genau das Gegenteil, wie es Geoff Dyer in *The Missing of the Somme* beschrieben hat, seinem Buch über den Ersten Weltkrieg und die Erinnerung daran. Er spricht dort vom Besuch eines kleinen Soldatenfriedhofs bei Beaumont-Hamel nicht weit nördlich von Albert an der ehemaligen Westfront in Frankreich – »Redan Ridge Number One: 154 soldiers lie here, 73 unidentified« – und überlegt, ob es an Orten, an denen schreckliche Grausamkeiten geschehen sind, nicht manchmal eine Art Ausgleich gibt. Als These ist es gewagt, und auf deutsch klingt es noch gewagter, daher auf englisch, und nur als

Frage ... »that where terrible violence has taken place the earth will sometimes generate an equal and opposite sense of peace«.

Da ist ihm leichter zu folgen, wenn er davor schon von sich selbst schreibt, »I have never felt so peaceful«, und dann fortfährt, »I would be happy never to leave«, oder es ist zumindest eine Empfindung, die wahrscheinlich auch der Erzähler in meinem Roman nachvollziehen kann, wenn er mit Paul und dessen kroatischer Freundin Helena durch Gebiete fährt, die vom Krieg gezeichnet waren. Er erinnert sich dabei nämlich daran, »daß Allmayer irgendwo geäußert hatte, er habe, wann immer er in Dalmatien durch das Hinterland gekommen war, auf die Landschaft mit einer Mischung aus Heimweh und Fernweh zugleich reagiert«, und spricht eher voll Sehnsucht als abwehrend von der »Verlorenheit ... die viele Dörfer in der Gegend wahrscheinlich auch vor ihrer Zerstörung ausgestrahlt hatten, ein paar Kilometer vom Meer und doch so weit weg, so weit außerhalb der Welt, wie sie nur sein konnten, diese sonnengebackenen paar Häuser in der Leere und Kargheit des Karsts«. Es ist wie eine Initiation für ihn, als er zum ersten Mal die Spuren des Krieges sieht, und angesichts »der links und rechts sich darbietenden Verwüstung« verfolgen ihn Eindrücke, die ihm »unter dem Gewicht ihrer

Wirklichkeit unwirklich erschienen«, so daß sich ein »Gefühl von Abwesenheit« bei ihm einstellt.

»At this moment I am the only person on earth experiencing these sensations, in this place«, heißt es bei Geoff Dyer. »At the same time, overwhelming and compounding this feeling, is the certainty that my presence here changes nothing; everything would be exactly the same without me.«

Vielleicht war genau das der Antrieb für mein Schreiben, diese schwer zu fassende Stimmung, die mit einer alles gleichmachenden Versöhnlichkeit verwechselt werden kann und in mir den Wunsch geweckt hat, zu erforschen, was da geschehen ist. Natürlich war die Friedlichkeit trügerisch, und ich habe mir auch nichts vorgemacht, ist mir doch schon an dem Tag, an dem ich in Islam war, die Geschichte von einem Massaker im nahe gelegenen Škabrnje zu Ohren gekommen, und wie sich die Überlebenden erst nach Tagen oder Wochen ins Dorf zurückgewagt und dort die herumliegenden und schon verwesenden Leichen ihrer Verwandten und Freunde gefunden hätten. Es war ein Ort von vielen, eine Schreckensgeschichte unter Dutzenden ähnlichen, die ich später gehört oder gelesen habe, und was sie häufig verband, war genau diese »groteske Friedlichkeit«, die den Erzähler in meinem Roman angesichts einer Stelle, an der Leute umge-

bracht worden waren, sagen läßt, »es hätte keinen
schrecklicheren Ort geben können, zu sterben, als
mitten im Hochsommer auf einer von Buchen und
Pappeln begrenzten Lichtung, auf der es nach Ho-
lunder roch, das Zirpen von Grillen, das Rauschen
eines Bachs zu hören war und die Zeit stillzustehen
schien«.

Daneben waren es die Mythen, die ich aus den
Jahren noch vor dem Krieg von Knin und Pale gehört hatte, den beiden Zentren des serbischen Auf-
standes in Kroatien und Bosnien, oder überhaupt
vom Hinterland und von der ehemaligen österreichischen Militärgrenze gegen die Türken, die sich
im achtzehnten Jahrhundert von der Adria über
Slawonien und das Banat bis nach Siebenbürgen er-
streckt hatte und entlang der 1990 die ersten blutigen Auseinandersetzungen in Jugoslawien aufge-
flackert waren. Die Geschichten erinnerten mich
an Geschichten, die ich von zu Hause kannte, es waren dieselben halbstarken Männlichkeitsrituale wie
in dem Dorf in Tirol, aus dem ich stamme, möglichst exaltierte Verrücktheiten, die man sich mit
dem größten Vergnügen wieder und wieder erzählte. Messerstechereien, die bei Hochzeiten angeblich
gang und gäbe waren, ein aus einer Laune heraus
geschlachteter und in einer spontan ausgerufenen
Freudenfeier verspeister Esel, den man in der Nach-

barschaft gekidnappt hatte, Autounfälle, die im Vollrausch passiert oder gerade noch vermieden worden waren – mich überraschte das nicht, ich konnte selbst von den Schlägereien berichten, die talaus, talein bei den Zeltfesten im Sommer auf der Tagesordnung standen, oder Anekdoten, wie die Gendarmen einmal zu einem Streit in ein Lokal gerufen worden waren und dann ihren Einsatzwagen vor der Tür aufgebockt und ohne Reifen vorgefunden hatten, oder wie ein Jäger auf der Dorfstraße das Auto eines Fremden anhielt und, bevor der etwas sagen konnte, ein ganz und gar ahnungsloser Piefke, versteht sich, sein Gewehr und ein erlegtes, noch bluttriefendes Reh in den Kofferraum geladen und ihn schon aufgefordert hatte, keine Umstände zu machen und endlich weiterzufahren. Es war, hier wie dort, das Gefühl, die geltenden Regeln jederzeit brechen zu können, an einem Ort zu sein, der außerhalb der Welt lag, auch wenn es nur an deren äußerstem Rand war, hinter den sieben Bergen, wo das Glück ein Hinterwäldlerglück sein mußte, und wenn diese Atmosphäre in der Literatur je angemessen beschrieben worden ist, so in der Erzählung *Unwetter* von Aleksandar Tišma, in der an einem Markttag eine junge Sängerin mit einer Wandermusikgruppe in ein Dorf kommt und man sofort weiß, es wird etwas Furchtbares passieren, als der ehemalige Kommandeur eines nicht näher bezeichneten Bataillons »Ein Lied! Ein Lied!« befiehlt und die Zeilen »Weißt du noch, Liebster, / den Pflaumenhain, / wo wir einst waren / beim Stelldichein?« dann nicht weniger Gefahr signalisieren als das kriegerische »Wenn die Brigade über die Save setzt!« vor einem Angriff in der Schlacht.

Ich hatte die Idee, mit meinem Roman, wie auch immer verzerrt, unter anderem einen Teil meiner Herkunftsgeschichte zu erzählen, und es ist dabei nicht einmal wichtig, wie sehr das bloß eine Projektion war, eine negative Idealisierung, oder inwieweit es den Tatsachen entspricht, Hauptsache, es ist eine Prämisse, die mein Schreiben in Gang gesetzt und mich vor der Gefahr bewahrt hat, über die Grausamkeit des Krieges so zu schreiben, als wäre dergleichen nur auf dem Balkan möglich. Es ist immer eine Okkupation, eine fremde Geschichte zur eigenen zu machen, selbst wenn man die eigene in der fremden nur spiegelt, und das gilt in diesem Fall wohl um so mehr, als eine österreichische Kindheit in den sechziger Jahren sich wahrscheinlich sehr schwer mit einer jugoslawischen in derselben Zeit vergleichen läßt. Trotzdem ist bei meinen Reisen für mich der Effekt des Wiedererkennens insbesondere in den dalmatinischen Hinterlanddörfern wesentlich gewesen für mein Zutrauen, etwas darüber sagen zu können, was über die Zeitungsmeldungen und Analysen von Experten und sogenannten Experten hinausgeht, die gleiche Ärmlichkeit wie bei meiner Großmutter zu Hause, wenn auch zeitlich verschoben, die gleichen »patriarchalischen Strukturen«, die gleichen Männerfiguren, so schien es mir, die man sich als Krieger vorstellen konnte. Der wahrgenommene Unterschied nach einem halben Jahrhundert Kommunismus war dabei die natürliche Bedingung dafür, das Gemeinsame um so deutlicher zu sehen, das ich in Ermangelung eines besseren Wortes denselben Geruch genannt habe und dessen Hintergrund nicht nur in der unseligen Verbindung während des Zweiten Weltkriegs zu suchen ist, in dem Kroatien seit 1941 unter seinem Führer Ante Pavelić mehr und mehr ein Satellitenstaat des Dritten Reichs wurde, sondern auch – und entschiedener – in der katholischen Tradition und in der bis zum Ende des Ersten Weltkriegs geteilten Geschichte von Untertanen des allmächtigen Kaisers im ach so fernen Wien.

Das Gemeinsame war aber auch in Jugoslawien selbst, über jahrhundertealte ethnische und religiöse Grenzen hinweg, allzu oft die Provinz, wie mir schien, und ich erinnere mich noch an meinen ersten Aufenthalt in Pale, an einem verregneten Tag im Frühjahr 2001, und wie ich nicht habe glauben wollen, daß sich die Welt von so einem Nest aus jahrelang zum Narren hatte halten lassen. Vor dem Krieg eine Kleinstadt mit sechs- oder siebentausend Einwohnern, überwiegend Serben und Muslime, während des Krieges auf das Doppelte angewachsen und so gut wie »rein« serbisch, wirkte sie damals (an der Auffahrt zur Jahorina, wo bei den Olympischen Spielen 1984 ein Teil der alpinen Wettbewerbe stattgefunden hatte) mit den überall herumliegenden Schneeresten wie ein aufgeblasener und gleichzeitig heruntergekommener Wintersportort irgendwo im tiefsten Österreich, wenn die letzten Gäste abgefahren waren und alle auf die nächste Saison warteten, von der sie nicht wußten, ob sie überhaupt noch einmal kommen würde. Wie auch sonst in Bosnien war die Tatsache, daß man sich in der Republika Srpska befand, nicht nur an den kyrillischen Schriftzeichen zu merken, sondern an dem offensichtlich langsamer vorangehenden Wiederaufbau, und allein die kurze Fahrt von Sarajevo hinauf, auf der teilweise nicht asphaltierten und schlaglöcherübersäten Straße, war eine Fahrt in eine andere Welt, in der die genauso pflichtschuldig wie scheinbar planlos herumkurvenden SFOR-Fahrzeuge sich ausnahmen, als bestünde ihre Aufgabe allein darin, durch ihre Anwesenheit daran zu erinnern, daß die beiden am meisten gesuchten Kriegstrei-

ber, Karadžić und Mladić, der ehemalige »Präsident«
und sein General, nach all den Jahren noch immer
auf freiem Fuß waren.

Damit wird eine Rolle deutlich, die einem in
dieser Geschichte nicht erspart bleibt, die des viel
zu lange untätig gebliebenen Beobachters, und es
bräuchte die Behauptung einer Verwandtschaft
oder eines vergleichbaren Hintergrunds gar nicht,
so fraglich sie sein mag, so künstlich möglicherweise, und so groß das Erschrecken darüber. Der
von Allmayer beklagte Gestus von »sogenannten
Balkankennern, deren ganzes Expertentum ...
darin bestand, daß sie in schlabbrigen Sakkos und
verbeulten Hosen auftraten, eine gewisse Trink-
festigkeit zeigten und einen monströsen Schnurrbart kultivierten, als wäre das der Sitz ihrer Seele,
Gastgeber, die slawischer sein wollten als ihre
Gäste«, ist peinlich, in welcher Form auch immer,
eine westliche Intellektuellenmalaise, während die
Wahrheit viel eher in der Position eines draußen
Stehenden und gerade durch sein Draußenstehen
schicksalhaft Beteiligten liegt. Denn draußen ge-
standen sind die Friedenstruppen immer wieder,
wenn sie, mit den modernsten Waffen ausgerüstet,
zugelassen haben, daß vor ihren Augen Menschen
umgebracht wurden, untätig geblieben sind, weil
das ihr Auftrag war, nicht nur angesichts des Massa-

kers von Srebrenica, nicht nur in Sarajevo, wo der stellvertretende bosnische Premierminister Hakija Turajlić an einer Straßenblockade ausgerechnet in einer UN-Eskorte erschossen worden ist, oder auf dem dortigen Flughafen, wo die über die Startbahn aus der belagerten Stadt Fliehenden oft erst in dem auf sie gerichteten Scheinwerferlicht der internationalen Bewacher ins Visier der serbischen Heckenschützen gerieten.

Daran habe ich immer denken müssen, und was für eine entsetzliche Situation das war, wenn ich im Land zu hören bekommen habe, wie die offiziellen Beobachter aus aller Welt wegen ihrer weißen Uniformen spöttisch Eisverkäufer genannt werden und die »Blauhelme« štrumpfovi, was Schlümpfe heißt und allenthalben schallendes Gelächter auslöst. Es ist der Blick, der dem Blick des Zuschauers vor dem Fernseher entspricht, äußerste Nähe bei gleichzeitig äußerster Distanz, der vielleicht verbotene Blick, der mich wie alle anderen automatisch involviert hat. Deshalb ist es zuallererst meine Geschichte, wenn ich eine Geschichte der jugoslawischen Kriege schreibe, wie die Medien sie vermitteln, und damit mein Unbehagen kundtue, den Wunsch, aus der aufgezwungenen Nähe auszubrechen, die bei diesen Ereignissen etwas Unanständiges hat, und zu einem anderen Umgang mit den Bildern zu gelangen, am Ende auch zu einer anderen Nähe, die aber nur durch fortwährende Distanzierung erreicht werden kann.

Den ersten Wirklichkeitstest für mein Buch aber gab es von ganz anderer Seite und noch bevor eine Zeile daraus publiziert war, als mir im Januar 2003 am Rand einer Veranstaltung im Hamburger Literaturhaus ein freundlicher älterer Herr aus Wien bedeutete, ich hätte es nicht schreiben dürfen. Er hatte den halben Abend über sich geredet, was nicht sehr verwunderlich war, nur die übliche, weitum grassierende Berufskrankheit unter Schriftstellern, und in der Hoffnung auf Widerspruch darüber räsoniert, daß seine eigene Prosa eher wenig tauge, ein paar von seinen Gedichten wahrscheinlich jedoch bleiben würden, und war erst allmählich darauf zu sprechen gekommen, obwohl ich im nachhinein ahnte, das ganze Gespräch war von Anfang an so angelegt gewesen, mir das am Ende zu sagen. Ich hatte mir seine Ausführungen mit richtiger Beklemmung angehört, weil ich nicht einmal wußte, wie er von meinem Vorhaben unterrichtet sein konnte, wenn er nicht seine Informanten unter den schreibenden Anhängseln von österreichischen Kulturbehörden hatte (und die hatte er), »und als ich diesem Gentleman so geantwortet habe, wie man mit solch einem Gentleman spricht, das heißt, als ich ihm seinen

Platz, unter Ignoranten und Söldnern literarischer Gruppen, zugewiesen habe…«

Die Wahrheit ist, ich habe nichts dergleichen getan, leider nicht, und der Satz stammt auch nicht von mir, sondern von Danilo Kiš. Ich habe ihn in seinem Buch *Anatomiestunde* gefunden, das er zur Verteidigung seines Erzählbandes *Ein Grabmal für Boris Dawidowitsch* geschrieben hat, der nach seinem Erscheinen 1976 in die Mühlen und Intrigen des Belgrader Literaturbetriebs geraten war, aber statt etwas zu sagen, bin ich schweigend nach Hause gegangen. Ich weiß, keine Vergleiche, Wien ist Wien, und Belgrad war Belgrad, wo sich schon damals unter den Schriftstellern die Nationalisten formierten – und Moskau, ach, Moskau … aber lassen wir das … wenn es stimmt, daß Stalin Michail Bulgakow bei seinem berühmten Telephongespräch mit ihm im Jahr 1930 empfohlen hat, das Romanschreiben und damit auch die Arbeit an *Der Meister und Margarita* lieber aufzugeben, wenn das nicht nur eine Anekdote ist … lassen wir das, es führt zu nichts, lassen wir das …

Ein freundlicher älterer Herr, wie gesagt, und es geht ja um nichts, wenn der »Spaß« im Großleinwandformat in Amerika gesucht wird und Moral eine Sache für unverbesserliche Romantiker ist oder überhaupt ein paar letzten Reservaten »östlich des siebzehnten Längengrads« vorbehalten bleibt. Ein ehemaliger Maoist (falls ich da die verschiedenen Splittergruppen nicht durcheinanderbringe), aber auch das bedeutet nichts, natürlich nicht, verleiht seiner Schriftsteller- und Funktionärsbiographie wahrscheinlich nur Kolorit und die gewünschte folkloristische Note, obwohl ich es nicht lassen kann, mich zu fragen, in welche der von Czesław Miłosz in seinem Buch *Verführtes Denken* aufgezählten Kategorien er wohl fallen würde, auf seinem langen Marsch von der österreichischen Spielart des sozialistischen Realismus ins mehr Offene. Kein Moralist, kein Sklave der Geschichte, kein Troubadour – ein unglücklich Liebender, ja, und es wird ihm kein Mensch verdenken können, es sei denn ein Reaktionär, ein Provinzler voller Ressentiments oder sonst ein starrsinniger Spielverderber, wie ich einer bin, wenn bei ihm manchmal noch Kontrolltendenzen zutage kommen und er in fast jeder literarischen Suppe, die in Österreich gekocht wird, selbstverständlich zum Besten für alle, seine Finger drin hat.

Vielleicht ist es nötig, ein Wort zu verlieren über die spezifisch wienerische Art, Gehässigkeiten zu verbreiten, ein Klischee, das fast schon Reiseführerqualitäten hat und in Wirklichkeit doch immer wieder bestätigt wird, dieses einschmeichelnd Zweideutige, von dem man oft erst am nächsten Tag begreift, wie es gemeint ist. Es hat etwas von der Art, wie in den Filmen die Mafia die Dinge regelt, wenn einer der Ihren die Gnade des Paten verloren hat und er nun unter geradezu freundschaftlichen Umständen umgebracht werden soll oder ihm bedeutet wird, die leidige Sache selbst zu erledigen, das Operettenhafte eines Gangsterkusses, süßlich bis zum Erbrechen. Der Hintergrund ist das erstickende und nicht selten erschreckend familiäre Gebräu eines kleinen Landes, das sich in viel zu vielen Nischen Reste von feudalherrschaftlichen Strukturen erhalten hat, die nur deshalb bestehen bleiben, weil sie so schlampig, so unfähig und am Ende tatsächlich so österreichisch installiert sind, daß das herauskommende Gehudel mit Charme oder Weltläufigkeit verwechselt wird.

Daran mußte ich denken, als mir der freundliche ältere Herr sagte, ich käme im neuen, in wenigen Wochen veröffentlichten Roman seiner Freundin vor, mit genau diesen Worten, die ich mir von einem Leser (der er vielleicht immer noch war) nicht erwartet hätte, und mir dann genüßlich den Namen verriet, unter dem ich mich darin finden würde. Er hätte es besser wissen müssen und nicht selbst den dünnen Firnis der Fiktion wegkratzen sollen, den sie immerhin darübergelegt hatte, aber offenbar brannte er so sehr darauf, mir das unter die Nase zu reiben, daß er alles andere vergaß und schon vor der Bescherung die ganze Überraschung verdarb.

Die Figur in dem Buch heißt Holztaler, wie Ganghofer Ganghofer heißt und Rosegger Rosegger, ein sprechender Name für einen nicht gerade sympathischen Schriftsteller, von dem gesagt wird, er sei süchtig nach Geschichten und sauge seine Freunde danach aus. Er wird dargestellt als »peinlich schlechter Pornograph«, der unfähig ist, »die moralische Textur unserer Gesellschaft bloßzulegen«, was auch immer das bedeutet, und die Vorwürfe gegen ihn, sich in fremde Leben einzuschleichen, werden in einem fort variiert, oder nicht variiert, sondern brav und wie nachträglich in den Text montiert wiederholt und gipfeln darin, er würde nicht einmal davor zurückschrecken, »uns Juden um unsere Geschichte zu beneiden«. Da hat man beim Lesen den Eindruck, es wäre doch viel konsequenter gewesen, ihn in dem wohlfeilen Bezichtigungsgestus einen Antisemiten oder einen Philosemiten zu nennen, was für den Zweck auf das gleiche hinausgelaufen wäre, aber offenbar war die Angst dann doch zu groß, das könnte außer Kontrolle geraten und auf einen selbst zurückfallen.

Das Hauptproblem ist allerdings, daß die Figur in dem Buch keine Funktion hat und man sich wun-

Norbert Gstrein
Wem gehört eine Geschichte?

Fakten, Fiktionen und ein Beweismittel gegen alle Wahrscheinlichkeit des wirklichen Lebens

Im vergangenen Jahr sind gleich mehrere Bücher mit dem Vorwurf ins Gerede gekommen, Fiktion durch Tatsachenbericht zu ersetzen. Darunter war auch Norbert Gstreins Roman *Das Handwerk des Tötens* über die jüngsten Kriege auf dem Balkan. *Wem gehört eine Geschichte?*, Essay und autobiographische Erzählung, gibt Einblick in das Verfahren des Autors, auf der Basis von Fakten seine Fiktionen zu schaffen, und versucht nachzuvollziehen, wie es zu einer Verwechslung der Ebenen kommen kann und wem an einer solchen Verwechslung gelegen sein mag.

Eine Reise nach Kroatien, Serbien und Bosnien bringt ihn noch einmal an die »Schauplätze« zurück, und es gelingt ihm, in eindringlichen Bildern die »groteske Friedlichkeit« der Nachkriegslandschaften einzufangen, in der er den Ausgangspunkt seines Schreibens über den Krieg sieht.

Er äußert sich auch über seine Bekanntschaft mit Gabriel Grüner, dem 1999 im Kosovo zu Tode gekommenen Südtiroler Journalisten, dessen Andenken sein Roman gewidmet ist, und erzählt die skurrile Geschichte einer Begegnung mit einem Nachtportier namens I. Radiš im Hotel Palace in Zagreb am 24. Dezember 2003, in dem sich einer der Protagonisten des Buches umgebracht hat. Zudem wird die Frage geklärt, was die Plakate eines Nobelpreisträgers Dž. M. Kuci in den Schaufenstern der Belgrader Buchhandlungen mit einem Vermerk im Gästebuch von Titos Geburtshaus im kroatischen Kumrovec zu tun haben, der einen Besuch des Verlegers Siegfried Unseld ein paar Jahre zuvor bezeugt.

Norbert Gstrein, geb. 1961, lebt zur Zeit in Hamburg. Zuletzt erschien von ihm der Roman Das *Handwerk des Tötens*, der auf Platz 1 sowohl der Bestenliste des SWR als auch der des ORF stand und unter anderem mit dem Uwe-Johnson-Preis ausgezeichnet wurde.

In gleicher Ausstattung liegen vor:

Suhrkamp Verlag

dert, was sie da überhaupt treibt, bis man am Ende herausfindet, Holztaler habe vor, einen Roman über einen in Jugoslawien ums Leben gekommenen Journalisten zu verfassen, der den Titel – man möge es nur ja nicht übersehen – *Die bosnischen Jahre* tragen soll, und daß das offenbar das Geheimnis des ganzen Aufwands ist. »Du hast wirklich keine Phantasie«, heißt es. »Mußt du über diese schreckliche Geschichte schreiben?« Aus dem wenigen, was man sonst noch erfährt, ist nicht recht zu ersehen, warum nicht, und man versteht die Angst erst, wenn man den Prolog noch einmal studiert, in dem die Autorin in der Rolle einer Expertin für den Tod mit ihrer eigenen Stimme spricht. »Als ich fünfunddreißig Jahre war, holte er sich meinen besten Freund im ausgebrochenen Frieden, als wollte er sich nicht länger von ihm beschreiben lassen«, kann man dort lesen. »Mein Lebensfreund war Journalist.«

Die Rede ist von Gabriel Grüner, und wenn man das noch unwidersprochen hinnehmen will, haben die dann folgenden Sätze endgültig etwas von einer pathetischen Selbstermächtigung und einer Drohung zugleich.

»Jetzt schreibe ich dem Tod hinterher«, lautet deren Programm, das nichts und niemanden neben sich zu dulden scheint. »Jetzt rede ich.«

Doch damit ist sie nicht allein.

»Ich war fünfunddreißig Jahre alt, im sechsten Monat schwanger, als mein Freund Gabriel Grüner ... im Kosovo erschossen wurde.«

Das steht in einem anderen Buch, von einer anderen Frau geschrieben, das zur gleichen Zeit erschienen ist, und auch darin wird mit dem Tod ein Schreibauftrag verbunden.

»Die Zeit nach der Katastrophe ist härter als der Moment, in dem sie ins Leben tritt«, wird man auf den ersten Seiten unterrichtet. »Ich habe mir damals vorgenommen, diesen Kampf ums Überleben zu beschreiben ...«

Über die Kriege in Jugoslawien erfährt man in beiden Büchern nichts (obwohl Gabriel Grüner zwischen 1991 und 1999 mehrere Dutzend Mal dort gewesen ist), und während das Thema im einen Fall überhaupt nur eingeführt wird, um Holztaler zu denunzieren, ist es im anderen ein Du, das sich verschlossen gibt, wenn es zur Sprache kommen könnte.

»Du hast nicht viel darüber gesprochen, was passiert da draußen in diesen Kriegen, nur manchmal bist du nachts aufgewacht, hochgeschreckt, und hast mich um dich schlagend angebrüllt ...«, ist darüber zu lesen. »Einmal hast du etwas von dunklen Vögeln erzählt, die überall sitzen, auf den Toten auch, den Kindern, und die dich einkreisen.«

Diese Leerstelle hat in beiden Fällen ihre Entsprechung in dem fast ausschließlich auf sich selbst fokussierten Blick der Erzählerin. Einmal unverschlüsselt, einmal in einem literarisierten Rahmen, tritt einem ein Ich entgegen, das ganz und gar aus seiner Leidensgeschichte besteht, der Trauer um den verlorenen Freund im einen Fall, der Geschichte einer Krankheit im anderen, bei der sich der erschossene Journalist nur dadurch auszeichnet, daß er »in allen Einzelheiten [darüber] informiert werden wollte«. Es ist das Selbsterlebte oder, besser noch, Selbsterlittene, ob es nun im Vordergrund oder so deutlich im Hintergrund steht, daß es unübersehbar ist, verbunden mit einem daraus sich ergebenden Wahrheits- und Absolutheitsanspruch. Dahinter steckt ein »Ich als Marke« (im Gegensatz zu einem »Ich als Maske«), das seine Geschichte nicht nur hat, sondern seine Geschichte ist, und es handelt sich um ein Phänomen, das es schon lange gibt, mit Regalen voller Bekenntnis- und Selbsthilfe-Bücher, und das in den toten Stunden des Nachmittagsfernsehens immer neue Talkshow-Blüten treibt, personifiziert in Leuten, denen nichts Menschliches und zusehends auch nichts Unmenschliches fremd ist.

Ich habe eine Weile gebraucht, um zu verstehen, wie sehr diese angebliche Authentizität der Grund dafür war, daß beide Seiten in helle Aufregung gerieten, als mein Roman erschien. Dem naiven Realismus des Schreibens entsprach, ob gewollt oder ungewollt, ein naiver Realismus des Lesens, und damit war schnell ausgemacht, worüber ich geschrieben hatte, mochte der Text dem auch noch so eindeutig widersprechen. Offensichtlich war ich allein mit der Erwähnung des Namens in meinem Vorspruch in ein streng markiertes und gleich doppelt besetztes Territorium eingedrungen, und auch wenn es zuerst noch den Anschein hatte, es ginge darum, was genau ich abgehandelt hatte, und ob es stimmte oder nicht, was immer das in einem fiktionalen Zusammenhang heißen mag, mußte ich alsbald erkennen, daß das in Wirklichkeit gar nicht das Problem war, sondern die schiere Tatsache, daß ich mich überhaupt einer Geschichte angenommen hatte, die mir nicht gehörte, um nicht zu sagen, die ich nicht war.

Das Mißverständnis, das dem zugrunde liegt, auch ein Mißverständnis darüber, wie Literatur entsteht, kommt deutlich zutage in einem Brief, den Gabriel Grüners (letzte) Freundin wenige Tage nach der Publikation meines Romans an den Verlag gerichtet hat. Darin heißt es unter anderem, ich hätte »unter dem Vorwand des Mitgefühls mit [ihr] geführte Gespräche vor und nach [seinem] Tod benutzt« … und genau da verläuft die Grenze, die ich weder überschritten habe noch je hätte überschreiten wollen. Es war für mich eine Frage des Anstands, das private Umfeld des Toten bei den Nachforschungen zu meiner Geschichte eines Kriegsberichterstatters auf keinen Fall zu berühren, und ich will nicht darüber spekulieren, wie sie zu dem Vorwurf gelangt und was sie damit bezweckt, wenn sie eine Nähe erfindet, die es nicht gegeben hat, will nur sagen, er ist genauso widersprüchlich wie falsch, weil ich keinerlei derartige Gespräche mit ihr geführt habe. Daß der Schaden damit angerichtet war, bleibt eine andere Sache, ist sie doch selbst Journalistin bei einer Frauenzeitschrift und hatte sich wohl nicht zuletzt mit dieser Behauptung landauf, landab der Solidarität von Kollegen versichert, wie der stolzen Aufzählung von einem Dutzend Redaktionen in ihrem Schreiben zu entnehmen ist.

Auch der freundliche ältere Herr war nicht untätig geblieben, und über einen Frankfurter Verleger erreichte mich aus München die Kunde, daß er dort ... ach ... Hat eigentlich außerhalb von Wien jemand eine Vorstellung davon, was für Eskapaden sich manchmal hinter dem Wort »antichambrieren« verbergen? ... Andererseits traf es das nicht ganz, war vielleicht doch ein bißchen zu nett ... egal ... nur wenn ich an Wien dachte ... egal, wie gesagt, egal ... an Wien durfte ich nicht denken ... Ein freundlicher älterer Herr, man kann es nicht oft genug wiederholen, ein Grandseigneur und Genießer, ein Wein-Connaisseur, der gerade noch stolz ausposaunt hatte, ich wäre im Buch seiner Freundin zu finden, und nun mit derselben Logik glaubte, sie in meinem Roman entdecken zu müssen, und, ihr getragenes Höschen auf seinen Schild drapiert, wie ein Don Quichotte im wer weiß wievielten Frühling in die Schlacht gegen die von ihm selbst in die Landschaft gestellten Windmühlen zog. Seine Empörung über meine angebliche Darstellung von ihr übertraf noch bei weitem seine Freude an ihrem ach so genialen Holztaler-Coup, wie man sagen muß, und ich fürchte, es ist auch ihm zu verdanken, daß seither, wenigstens in kleinsten und halbklandestinen österreichischen Zirkeln, die Diskussion nicht mehr abreißen will, inwieweit sie hinter der Figur meiner Lilly steckt, »einer Sekretärin einer Autorenvereinigung in Wien«, von der das Gerede geht, »daß sie Allmayers Witwe vom offenen Grab verdrängt hatte, um mit der Grandezza eines Bauerntrampels, der die Dame von Welt mimt, an ihre Stelle zu treten und, die Augen hinter einer riesengroßen, schwarzen Sonnenbrille verborgen, schluchzend und schniefend die Beileidsbekundungen entgegenzunehmen, als wäre ihre Zeit mit dem Toten nicht geschlagene zehn Jahre her«.

Hinzu kommt, daß ich nicht weiß, ob er sich am Ende nicht selbst auch in meinem Roman entdeckt hat, und wen sonst noch alles. Ich darf jedenfalls nicht vergessen, ihn das nächste Mal, wenn ich ihn sehe, zu fragen, ob wenigstens die Stelle seine erlauchte Gnade gefunden hat, in der von Schriftstellern die Rede ist, »die im Rahmen von irgendwelchen Kulturprogrammen in Horden aus den europäischen Hauptstädten in die neu entstandenen Länder einfielen, auf der Terazije in Belgrad, auf dem Jelačić-Platz in Zagreb oder vor einer Moschee in der Baščaršija von Sarajevo saßen und sich die Sonne auf die Bäuche scheinen ließen, als wäre nie etwas geschehen, oft weltfremde Träumer und aufgeblasene Funktionäre in einem …« Schließlich weiß ich ja nicht, ob er nicht den Fehler macht, das auf sich zu beziehen, immerhin geht es dort auch um »ihre schmächtigen Gedichtbände mit geschmäcklerischen Titeln wie *Out of Bosnia* oder *Crying for Srebrenica*«, die mit den düstersten Schriften verglichen werden, »als wäre das ein und dasselbe, als gäbe es keinen Unterschied zwischen der vorherigen Hetze und dem nachträglichen Kitsch, als hätten sie sich mit ihren ebenso harmlosen wie läppischen Ergüssen, in denen sie das kleine, friedliebende Muslimvölkchen der Bosnier verherrlichten, nicht weniger schuldig gemacht als andere mit den blutrünstigsten Oden«, und er könnte nur allzu leicht außer acht lassen, welcher Verzweiflung Allmayers über die schönsten, aber oft leider leer gedrehten und ein wenig eitlen Pirouetten des politischen Engagements diese Sätze, ob gerecht oder ungerecht, vielleicht entspringen, und wieder nur eine Abrechnung, eine kleinliche Bosheit oder ich weiß nicht was darin sehen.

Das Traurigste an dem ganzen Entschlüsselungsfuror rund um meinen Roman ist nämlich, wie die verletzten Eitelkeiten dieser ehrenwerten Damen und Herren zeitweilig das zu überdecken drohten, worum es eigentlich ging, um die Kriege in Jugoslawien und wie man darüber schreiben oder nicht schreiben kann, was unvermeidlich eine manchmal nicht sehr freundliche Auseinandersetzung mit anderen Positionen und anderen Stimmen einschließt. Es sind Namen über Namen ins Spiel gebracht worden, und mir hätte nur noch gefehlt, daß die Leute sich selbst dafür meldeten, ihren fragwürdigen Auftritt zu bekommen. Wenn ihnen sonst nichts mehr einfiel, mußte immer Peter Handke mit seinen unglücklichen Büchern von seinen Reisen nach Serbien und Bosnien dafür herhalten, in denen sie im Zweifelsfall schon etwas fanden, was ich mit meinen Invektiven gemeint haben könnte.

»Die satte Schriftstellermischpoke ... hat mein

Buch als persönliche Herausforderung aufgenommen – was es ja auch ist – und den Zweck des Buches viel besser verstanden, als ich mir hatte erhoffen können, und so begann sie, einen Sinn und eine Rechtfertigung dafür herauszufinden, es des moralischen und ideologischen Aspekts zu berauben (wo diese Mischpoke ebenfalls ihre Ignoranz spürt).« Ach, Danilo Kiš, lieber Danilo Kiš, so kann man wahrscheinlich nur in einer Diktatur reden, schließlich, wie gesagt, geht es bei uns ja um nichts außer um unschöne Rangeleien in der literarischen Hackordnung … Die satte Schriftstellermischpoke – versuch einmal, solche Töne anzuschlagen, wenn du nicht einen finsteren Schutzpatron wie Tito samt seinen schreibenden Vasallen als Rechtfertigung für so einen Ausfall hast … es sei denn, es ginge doch um etwas.

Ich fand mich jedenfalls plötzlich da, wo ich schon vier Jahre davor gleichzeitig gefürchtet, aber mir insgeheim auch gewünscht hatte, zu enden. Denn bereits beim Schreiben meines Romans *Die englischen Jahre*, in dem es um die Möglichkeiten der Darstellung von jüdischen sowie nichtjüdischen Exilantenbiographien geht, war ich zu der Überzeugung gelangt, ich müßte mich damit in Opposition setzen zu vielem, was ich dazu vorgefunden hatte, oft gut gemeint, aber gerade dadurch nicht

49

gut, könnte nur etwas darüber schreiben, wenn ich die Position des Schreibenden mit einbezog, die Motive, sich mit einer solchen Geschichte zu befassen, die Klischees, die es gab, und wie er damit umging, ob er sie bloß wiederholte oder versuchte, ihnen zu entkommen. Schon damals war die eng damit in Zusammenhang stehende Erzählung *Selbstportrait mit einer Toten* als fiktive Verteidigungsschrift eines derartigen Unterfangens wie als ein unausweichlicher Angriff auf ein erstarrtes und risikoloses Selbstverständnis von Autoren gedacht, die alles außer ihrer eigenen Rolle in Frage stellen und folglich zusehends Teil der Probleme werden, die sie vermeintlich lösen.

Ich gebe zu, die Vorbilder, was das Verhältnis der beiden Bücher zueinander betrifft, waren groß, vielleicht unangemessen groß oder gar größenwahnsinnig gewählt. Neben Danilo Kiš und seinem Erzählband *Ein Grabmal für Boris Dawidowitsch* sowie der damit korrespondierenden *Anatomiestunde* hatte ich den *Roman eines Schicksallosen* im Auge, und wie Imre Kertész die nicht gerade freundliche Aufnahme seines Werkes im Ungarn der siebziger Jahre in seinem späteren Roman *Fiasko* beschrieben hat. In beiden Fällen wurde der Verstoß gegen sanktionsbewehrte Formen des Schreibens über bestimmte Themen – hier Stalinismus, dort Nationalsozialismus – von einem bornierten Literaturbetrieb geahndet, sei es durch heftige Attacken, sei es durch Nichtbeachtung, und was in Belgrad und in Budapest bittere Realität war, phantasierte ich mir für Wien – ohne Zweifel kokett – einfach herbei, so eng schien mir dort spätestens nach Thomas Bernhard der Spielraum zwischen einer längst standardisierten und immer mehr folkloristische Formen annehmenden »Österreich-Kritik« und einer sich zunehmend in der Wiederholung lieb gewordener Tautologien erschöpfenden »Vergangenheitsbewältigung« zu sein.

Das Urteil war schnell gesprochen.

»Wären Sie doch bei Ihren *Dorfgeschichten* geblieben.«

Wem die gehörten, war klar, Herkunft ist Herkunft.

»Schreiben Sie in Zukunft lieber über etwas, worüber sie besser Bescheid wissen ... Ihre *Dorfgeschichten*, das ist es, was wir wollen, Ihre *Dorfgeschichten*.«

Das sagt ein Wiener Kritiker im *Selbstportrait mit einer Toten* zu einem Schriftsteller, der gerade eine Geschichte über einen Exilautor vorgetragen hat, und er wird dabei noch deutlicher.

»Ich fürchte, das Thema ist eine Nummer zu groß für Sie.«

Bis dahin bleibt das nur Phantasterei, aber wenn ich an den freundlichen älteren Herrn denke, hört es sich an wie eine self-fulfilling prophecy. Es unterscheidet sich kaum von dem, was er mir vier Jahre später nahegelegt hat, und würde ich mich an die von ihm ausgegebene Anleitung zum Falschlesen im Buch seiner Freundin halten und alles auf mich beziehen, wäre auf einmal auch der gegen Holztaler völlig in der Luft hängende Vorwurf, die Juden um ihre Geschichte zu beneiden, nicht mehr ganz so willkürlich. Ob mißverstanden oder nicht, könnte sein Verdikt dann nämlich heißen, daß ich nicht nur *Das Handwerk des Tötens* nicht hätte schreiben sollen oder schreiben dürfen, sondern viel früher schon *Die englischen Jahre* nicht, weil das unter anderem eine jüdische Geschichte und damit nicht meine war – wenn man diesen selbsternannten Wächtern über das Gute, Wahre und Schöne Glauben schenken wollte.

Es wäre nun einfach, wieder mit Danilo Kiš zu sagen, der Literaturbürokrat ist im Grunde seines Herzens ein Nationalist, der sein Revier gegen vermeintliche Eindringlinge von außen verteidigt, und es dabei zu belassen, aber jenseits aller kleinlichen Eifersüchteleien bleibt zu bestimmen, was es bedeutet, daß Leute Anspruch auf eine Geschichte erheben wie auf einen Besitz. So banal die Hintergründe dafür im einzelnen sein mögen, so sehr berührt das im äußersten Fall die nicht banale Frage, wie sich Erinnerung konstituiert, spätestens dann nämlich, wenn es um die Toten geht – weil die nicht mehr erzählen können. Daß ihre Geschichte ihnen gehört, stößt ohne Zweifel genauso allenthalben auf Zustimmung wie der Satz, sie gehöre den Opfern, aber damit ist wenig getan, schließlich will sie erzählt werden, und man würde einem Nichterzählen das Wort reden, einem flächendeckenden Schweigen, wenn man das Paradoxon auf die Spitze treiben wollte, oder am Ende tatsächlich damit vorlieb nehmen müssen, daß die Sieger sie erzählen. Wie absurd es da ist, in Zuständigkeiten zu denken, die sich aus der Zugehörigkeit oder Nicht-Zugehörigkeit zu einer Gruppe ergeben oder aus einem wie auch immer zu definierenden wirklichen oder allein angemaßten Naheverhältnis, liegt auf der Hand.

Die autobiographischen Bücher von Jorge Semprun, die sich mit seiner Zeit als Häftling in Buchenwald befassen, *Die große Reise, Was für ein schöner Sonntag!* und *Schreiben oder Leben*, zeigen beispielhaft einen Erzähler, der sich dieses Paradoxons bewußt ist und in einem fort die unmögliche und gleichzeitig einzig mögliche Perspektive thematisiert, die seine Situation vorgibt und der zufolge im Grunde genommen der eigene Tod die Bedingung für sein

Erzählen ist. Er ist ein Überlebender, der seine Geschichte und die derer, die nicht überlebt haben, erzählt, und wenn es ihn nicht mehr gibt, sind wir damit allein gelassen, keiner mehr da, der uns hilft, sie zu tragen, und es ist, ob wir es wollen oder nicht, endgültig unsere Geschichte. Vielleicht liegt darin über alle Zeugenschaft für das nackte Faktum hinaus die Bedeutung des Erzählens Überlebender für die sogenannten Nachgeborenen, schon dadurch, daß sie zu ihnen sprechen oder überhaupt noch zu ihnen sprechen können und auch sprechen wollen, stellen sie die Verbindung zu den Toten her und versichern sie damit ihrer Zugehörigkeit – daß sie nicht nur Söhne von Vätern, Enkel von Großvätern, sondern daß sie Menschen sind.

In seinem Aufsatz *Wem gehört Auschwitz?* schreibt Imre Kertész ganz im Sinn von Jorge Semprun, »es ist etwas erschütternd Zweideutiges in der Eifersucht, mit der die Überlebenden auf dem alleinigen geistigen Eigentumsrecht am Holocaust bestehen«, und sagt, sie müssen sich damit abfinden, daß es »ihren mit dem Alter immer schwächer werdenden Händen« entgleitet. Seine Antwort auf die im Titel gestellte Besitzfrage, wem es gebührt, sich darauf zu beziehen, lautet denn auch: »Keine Frage: der nächsten Generation und dann den darauffolgenden – natürlich so lange sie Anspruch darauf erheben.«

Die Ergänzung sei erlaubt, wahrscheinlich sogar länger, und unabhängig davon, ob sie / wir Anspruch darauf erheben oder nicht, es ist ihr / unser Erbe und jedenfalls eines, das sich nicht ausschlagen läßt.

Für mich hat es vor diesem Hintergrund etwas reichlich Unglückliches, wie die deutsche Autorin Katharina Hacker, geboren 1967, mit der Ambivalenz spielt, Saul Friedländer, der, als jüdisches Kind aus Prag geflohen, die Nazi-Herrschaft in einem katholischen Internat in Frankreich überlebte, habe ihr mit der Geschichte seines nichtjüdischen Freundes zugleich die Geschichte des eigenen Überlebens für ihren Roman *Eine Art Liebe* geschenkt. Damit begibt sie sich in die Gefahr von jemandem, dem etwas gegeben ist, was anderen vorenthalten bleibt, und es stellt sich die Frage, welche Erwartungen ein Schenkender in einem solchen Fall haben kann, ob der Umgang mit dem, was er ihr anvertraut hat, besonders sorgsam sein muß, oder ob sie als Beschenkte gerade die Freiheit hat, damit zu verfahren, wie sie will. Die Auflösung, zum Glück, ist, daß er sich später, als sie ihm ihr Manuskript zu lesen gibt, an das Geschenk nicht mehr erinnert und damit die Last des allzu gewichtigen Auftrags wenigstens im nachhinein von ihr nimmt, um dann sogleich zu beklagen, was alles an ihrer nach seinem Schicksal erfundenen Figur nicht auf ihn zutreffen würde. Aber das ist kein Schaden, ganz und gar nicht, wäre es für die fiktionale Wahrheit ihres Versuchs doch genauso unerheblich, wenn er ihn in allen Einzelheiten absegnen, das heißt, ihn autorisieren würde, wie er seine Biographie autorisieren könnte, und am Ende bleibt genau das, was sie in ihrem Nachwort schreibt, nämlich, »wer seinen autobiographischen Essay *Wenn die Erinnerung kommt* gelesen hat, wird in diesem Buch seine Geschichte erkennen«, mehr nicht, aber auch nicht weniger.

Eine Geschichte geschenkt bekommen, sie erben auf der einen Seite, eine Geschichte stehlen auf der anderen – so kompliziert und undurchsichtig die Zusammenhänge sind, so einfach scheinen sie mir auf den ersten Blick zu sein, wenn es um das Kaufen geht. Denn da besteht wenigstens kein Zweifel, daß es das gibt, schließlich wird tatsächlich Geld bezahlt, auch wenn ich mir nicht sicher bin, was eigentlich gekauft wird, wenn von einer Geschichte, keinem Drehbuch und auch sonst keiner Vorlage, sondern einer, die jemand erlebt hat, die Rede ist, als existiere ein Copyright darauf. Ich stelle mir gern vor, daß die Wahrheit zur Verhandlung steht, der freie Umgang mit ihr, die Möglichkeit, auch weniger rühmliche Dinge aus dem Leben der betreffenden Person zu erzählen oder sie einfach zu erfinden, zehntausend Dollar, denn wir sprechen selbstverständlich über Hollywood, für den ersten Ladendiebstahl, noch einmal zehn- für ein paar eingestandene Drogenversuche, für den Schulabbruch, den Unfall mit einem gestohlenen Auto – und dann sind Sie beim Militär gelandet, erzählen Sie, zur Armee gegangen, um in die Welt hinauszukommen, und gleich beim ersten Einsatz im Irak in Gefangenschaft geraten und unter welchen Umständen genau daraus befreit worden? ... Das ist entscheidend ... Und die Aktphotos? ... Keine Aktphotos, sagen Sie, keine Juxereien mit Ihren Kameraden, keine Besäufnisse nach Dienstschluß in der Basis und auch keine Affäre mit einem mehr oder weniger hoch dekorierten Bomberpiloten ... Zehntausend, zwanzig-, ach was, hunderttausend dazu, wenn das Ihrer Erinnerung hilft ... also doch ... Wir werden eine wunderbare Schauspielerin engagieren und Ihre Brust von einem eigenen Brustmodel doubeln lassen und sie im Weichzeichner ... Verstehen Sie? ... Haben Sie nur keine Angst, meine Liebe ... Eine Heldin, ja, eine Heldin ... »all american« ... Was das Publikum aushält, müssen Sie doch auch aushalten können, ist nach allem, was Sie durchgemacht haben, für Sie nur ein Klacks.

Ich weiß, Hirngespinste, und was im Grunde genommen gekauft wird, ist wahrscheinlich der Name, die Zustimmung, den Namen einer realen

Person verwenden zu können, und das Prädikat »Based on a True Story«, das einem bestimmten Publikum eine höhere Wahrheit suggeriert, weil dahinter vermeintlich eine Geschichte steckt, die das Leben selbst geschrieben hat. Wenn man andererseits bereits im Titel von Nabokovs Roman *The Real Life of Sebastian Knight* versprochen bekommt, ist es kaum überraschend, daß sich das nicht so einfach anläßt oder die Probleme der Darstellung so groß sind, daß man bestenfalls mit einer Annäherung rechnen kann, und gerade das Eingeständnis, das wirkliche Leben nicht liefern zu können, die Wahrhaftigkeit der Perspektive ausmacht. Denn der Satz, den der Papst gesagt haben soll, nachdem er Mel Gibsons Film *Die Passion Christi* über die letzten Stunden im Leben Jesu gesehen hatte, »Es ist, wie es war«, unterscheidet sich als Reaktion auf ein Kunstwerk nicht im geringsten vom ewigen Lamento der professionellen Entschlüsseler und dilettantischen Schnüffler, die ihre Folien brav übereinanderlegen und genau das Gegenteil beklagen, »Es ist nicht, wie es war«. Beide sind in diesem Zusammenhang gleichermaßen sinnlos, weil nicht das Realitätsprinzip der Maßstab ist, sondern der Möglichkeitssinn und sein viel freieres »Es ist ...« oder »Es ist nicht, wie es gewesen sein könnte«.

Um zu verstehen, wie es zu dem Mißverständnis

hat kommen können, ich hätte einen Roman über Gabriel Grüner geschrieben, habe ich schließlich auch Bernard-Henri Lévys Buch *Wer hat Daniel Pearl ermordet?* gelesen, in dem er der Geschichte des Südostasien-Korrespondenten des *Wall Street Journal* nachgeht, der, am 23. Januar 2002 in Karatschi von islamischen Fundamentalisten entführt, eine Woche später vor laufender Kamera enthauptet worden ist. So unterschiedlich seine und meine Herangehensweisen sind, so sehr gibt es, was den äußeren Rahmen betrifft, Parallelen, ein bei der Ausführung seiner Arbeit ermordeter Journalist hier wie da und hier wie da ein damit zusammenhängendes Buch. Daß ich seinen »Untersuchungsroman«, wie er ihn selbst nennt, mit Vorbehalten zur Hand genommen habe, will ich gern eingestehen, und die Vorbehalte sind größer geworden, nachdem ich im Vorwort die Absicht bemerkt hatte, auf den Spuren des Toten »dieselben Schritte [zu] tun wie er, beobachten wie er, möglichst denken und fühlen wie er – bis zum bitteren Ende, bis zum Augenblick seines Todes«.

Herausgekommen ist ein Zwitter, der dort seine Stärken hat, wo Lévy sich auf das Dokumentarische verläßt, und in seinen romanhaften Passagen kapital scheitert, weil er die Möglichkeiten des Romans gleichzeitig überschätzt und unterschätzt. »Die Fakten, nichts als die Fakten«, schreibt er in seinem Vorwort, und die Fiktion dient ihm nur als untergeordnetes Überbrückungsmittel, so daß man sich fragt, wozu eine solche Überbrückung, warum nicht Leerstellen, wenn es sie notwendigerweise gibt. Er läßt sich dabei leiten von dem verständlichen und gewiß ehrenwerten Prinzip »de mortuis nihil nisi bene«, das er auf die Hinterbliebenen ausdehnt, und Daniel Pearl ist demgemäß eine »Lichtgestalt«, »aufgeschlossen für andere Kulturen der Welt und vor allem für die Kultur des Anderen«, einer mit einem Gesicht, »in dem unsere Epoche sich betrachten kann, ohne zu erröten«, weil er die »Wahrheit … mehr als alles andere liebte« (was mich an die Charakterisierung von Gabriel Grüner durch den wirren Mischmasch aus Fußball, gutem Wein und Gerechtigkeit erinnert), während seine Frau Mariane eine »schöne, moderne Antigone« ist, eine »Vestalin mit … aschgrauen Augen«, eine »eigenwillige Melange aus Französin und Amerikanerin, und dann noch ein bißchen Kubanerin, auch Buddhistin, und … schließlich Jüdin«, und seine Eltern gar »Eltern Courage« sind und aussehen »wie auf dem wunderschönen Foto … das aus der Zeit von vor dreiundvierzig Jahren stammt, als sie aus Israel herkamen«.

Ich will nun nicht behaupten, daß das alles nicht

so ist, aber es drängt sich mir der Verdacht auf, daß da Dinge durcheinandergeraten und Kitsch mit Pietät verwechselt wird, um so mehr, als das Buch im Zentrum des romanhaften Teils äußerst problematisch ist, wo Lévy es unternimmt, dem Leser die letzten Augenblicke Daniel Pearls aus dessen eigener Sicht zu vergegenwärtigen. Es ist mir kaum eine andere Textstelle in kaum einem anderen Buch bekannt, wo Obszönität und Pornographie einer allzu großen Nähe drastischer zum Ausdruck kommen als dort, läßt er ihn doch bis ins kleinste Detail und gleichsam in Zeitlupe erleben, wie die Hand des jemenitischen Henkers mit dem Messer vor seinen Augen auftaucht, die »große, behaarte Hand mit den knorrigen Knöcheln, den schwarzen Fingernägeln und einer langen, wulstigen Narbe, die vom Daumen bis zum Handgelenk verläuft und die Hand zu halbieren scheint«. Es folgt – wie unterlegt mit Streicherklängen – eine im Melodramatischen schwelgende Kamerafahrt durch seinen Kopf, mit Bildern aus seinem Leben, während die Klinge sich dem Hals nähert und man am liebsten »cut« schreien würde, »cut«, bevor man der Doppelbedeutung des Wortes gewahr wird … »seine Bar Mizwa in Jerusalem, sein erstes Eis in einem Café am Dizengoff Circle in Tel Aviv mit seinem Vater« … »die Hochzeit mit Mariane in dem Schloss bei

Paris« … »das Lachen seiner Mutter« … und wieder »Mariane …[der] letzte Abend mit ihr, sie so begehrenswert, so schön«. »Was wollen die Frauen wirklich?« gibt er ihm dann noch in den Sekunden seines Todes ein. »Leidenschaft? Ewigkeit?«

Damit liefert er zum Video, das die Mörder Daniel Pearls von der Szene gedreht haben, nur eine zusätzliche Spur. Da hilft ihm auch die herzerwärmende Beschreibung der Angehörigen nicht mehr, denn Pietät entscheidet sich nicht daran, nicht an den weichgespülten Inhalten, sondern an der Perspektive, wie er eigentlich wissen müßte, wenn er schreibt, die Eltern hätten sich die letzten Bilder im Leben ihres Sohnes gar nicht angesehen und seien wütend gewesen, »als die CBS den Film zeigte und er anschließend überall im Internet zugänglich war«. Er unterläuft so auch die Abwehr der Frau, die, unmittelbar nachdem dieser Beweis für die Ermordung ihres Mannes aufgetaucht war, in einem Interview auf die Frage, ob sie sich ihn angeschaut hatte, vom Englischen ins Französische wechselte, wie sie in ihrem Buch *A Mighty Heart* mit dem Untertitel *The Brave Life and Death of My Husband Daniel Pearl* beschreibt, und sagte: »Vous n'avez donc aucune décence?«

Wahrscheinlich ist es kein Zufall, daß sich die Ästhetik eines Revolutionsromantikers und welt-

weit operierenden politischen Aktivisten mit dem
Kitschbedürfnis der Leserinnen von – sagen wir –
Frauenzeitschriften und den Marktgesetzen Holly-
woods trifft, in der offensichtlich am besten ver-
käuflichen, fein abgestimmten Mischung aus Mora-
lismus und Obszönität, und man kann natürlich
wieder argumentieren, es geht ja um nichts, aber ich
habe mich beim Lesen von Bernard-Henri Lévys
Buch an manchen Stellen gefragt, ob es nicht weit-
reichende Folgen hat, wenn man die entscheidenden Geschichten nicht anders erzählt. Die über-
sichtliche Zweiteilung der Welt in Gut und Böse
setzt sich in einer widergespiegelten und im all-
gemeinen noch übersichtlicheren Zweiteilung
zwischen Schreibendem und Geschriebenem, Le-
sendem und Gelesenem fort und endet in der Empörung des vor dem Fernseher über allen Greuel-
bildern am Ende doch wieder nur einschlafenden
Betrachters. Vielleicht ist in diesem Zusammenhang
in jüngster Zeit, ich weiß nicht, von wem zuerst in
die Diskussion gebracht, der unglücklichste Begriff
der des Islamo-Faschismus, weil er die unvermeid-
lichen »Antifaschisten«, ob Anti-Islamo oder Isla-
mo-Anti, auf den Plan rufen muß, die von ihrer
Couch oder von ihren Diskussionszirkeln aus wieder alles sehen außer sich selbst, wieder alles wissen,
bloß nicht, daß es vorbei ist mit der Übersichtlich-

keit und man zumindest mit dem Erzählen nur mehr weiterkommt, wenn man den Ausnahmezustand als gegeben nimmt und sich dabei selbst mit einschließt.

Es ist mir Pietätlosigkeit vorgeworfen worden in der Beschreibung der letzten Stunden von Allmayer, weil ich die belgische Krankenschwester, die bei ihm war, erzählen lasse, sie habe nur für die Zeitungen und weil alle danach lechzten, gesagt, »der Arme habe in einem fort nach seiner Frau gefragt und nicht aufgehört, davon zu reden, wie sehr er sie liebe«, in Wirklichkeit aber einzig und allein wissen wollen, ob er sterben müsse. Ich verstehe den Wunsch nach Trost, aber mir war daran gelegen, seine Verlassenheit zu zeigen, so weit weg von zu Hause am Straßenrand liegend zu verbluten, so daß sie in der Situation auch nichts anderes erwidern kann als »Du stirbst nicht, glaub mir, du stirbst nicht«, obwohl sie es natürlich besser weiß.

Das mit Gabriel Grüner in Zusammenhang zu bringen und damit, was er noch gesagt hat, ist absurd. Zu behaupten, ich hätte ihn der Würde seines Todes beraubt, weil ich ihm die letzten Worte abspreche. Nichts dergleichen, und nicht nur, weil es in dieser Passage, wie im ganzen Roman, nicht um ihn geht, sondern vor allem auch, weil ich darin schildere, welche Fragen sich stellen können, wenn man so etwas wiedergibt, davon erzählt, was jemand in seinen letzten Augenblicken sagt, weil letzten Worten so viel Bedeutung beigemessen wird, daß sie – wenn sie schon nicht manipuliert werden – häufig manipuliert wirken. Ich wollte zeigen, daß sich der tatsächlich geäußerte Satz »Ich liebe meine Frau«, wenn man nicht selbst dabei war, weder glaubwürdig wiederholen noch so ohne weiteres und ohne Verlust an Glaubwürdigkeit in den formelhaften Satz »Er hat gesagt, er liebt seine Frau« übersetzen läßt, weil der, ob wahr oder falsch, zu einer Standardäußerung in der Situation geworden ist.

Fast kommt es mir so vor, als müßte ein Roman, der versucht, mit Seh- und Wahrnehmungsgewohnheiten zu brechen, seine Gattungsbezeichnung wie ein Warnschild tragen, also Achtung Roman, Achtung, liebe Fernsehzuschauer und Leser von Paulo Coelho, Susanna Tamaro, Eric-Emmanuel Schmitt und Konsorten … *might contain explicit language, might contain literature, if you don't mind my saying so … might disturb you … might even hurt …* Ich weiß, ihr Lieben, alles Geschmackssache, es geht ja um nichts, und wer will nach Feierabend noch mehr von euch verlangen, aber wenn ihr beklagt, daß die Welt kein schöner Platz mehr ist … vergeßt es, ich bin kein Philosoph, vergeßt es … und doch, hat es nicht etwas damit zu tun, wie wir sie erklären, wie und von wem wir sie uns erklären lassen und wie wir sie anschauen, wenn wir wieder einmal alles verstanden haben?

Bedenkt man, daß Bernard-Henri Lévy seine Figur nicht fiktiv angelegt hat, sondern im Gegenteil sogar den Namen beibehält, Daniel Pearl einmal Danny, einmal Daniel und ausgerechnet in den intimsten Passagen einfach Pearl nennt, dann gelangt man zu dem ebenso paradoxen wie betrüblichen Schluß, daß man einer Person offenbar beliebig nah auf den Leib rücken kann, solange man sich an die Ästhetik eines Trivialromans, an dessen Vorgaben und Abbitteprogramm hält. Der Skandal allzu großer Nähe wird nicht als Skandal empfunden, wenn alles nur wattiert genug daherkommt, skandalös scheinen Fiktionalisierung und Distanzierung mit ihrer notwendig anderen Temperaturskala, will sagen mit ihrer Kälte, zu sein. Das spricht andererseits für die These, daß diese Nähe keine wirkliche Nähe ist und wirkliche Nähe, wenn überhaupt, allein durch eine strikte Gegenbewegung erreicht werden kann.

Die Namen, ach ja, die Namen … Das ist so kompliziert, daß ich einen Professor zu Wort kommen lassen muß, einen wahren Spezialisten, selbst Träger eines Doppelnamens und Oberkoch in der alles andere als vornehmen oder gar auf irgendwelche internationalen Standards achtenden Wiener Küche, in der die literarischen Suppen angerührt werden und in der auch der freundliche ältere Herr, Sie erinnern sich, häufig zum Löffel greift und für die richtigen Zutaten sorgt … Ein Professor, wie es auch in Österreich nicht jeder ist, ein Professor, »grüß Ihnen Gott«, »seawas« und »habe die Ehre«, mit vielen Pflichten und fast ebenso vielen Funktionen, die es mit sich bringen, daß er nicht immer streng wissenschaftlich, sondern strategisch oder, wie man sagt, politisch denkt, und also stammt von ihm der wunderbare Satz, daß Cornelius Busch nicht Cornelius Busch sein kann … Cornelius Busch? … Sie brauchen sich nicht zu schämen, wenn Sie den Namen zum ersten Mal hören … Es ist der Name einer realen Person, aber es geht nur um den Satz, seine Schönheit und darum, daß er ihn in einem allen Ernstes »Fachgutachten« genannten Schreiben zu Birgit Kempkers schließlich verbotenem Buch *Als ich das erste Mal mit einem Jungen im Bett lag* von 1998 zum besten gegeben hat, um vor Gericht dessen Kunstwelt zu verteidigen: »Man kann eher hinter der Iphigenie Goethes Frau von Stein vermuten als hinter ›Cornelius Busch‹ Cornelius Busch.« … Das muß man sich auf der Zunge zergehen lassen, aber verstehen Sie mich bitte nicht falsch ... Ich finde das cool, wenn Sie mir für einmal diesen Ausdruck verzeihen, und wahrscheinlich habe ich nach meinem Mathematikstudium mit den sogenannten strengen Wissenschaften aufgehört, um irgendwann selbst so etwas ohne jegliche Beschränkung durch eine kleinliche Logik äußern zu können ...

Es geht allerdings um Folgendes: Als schließlich er auch noch – in seinem Urteil leider nicht mehr ganz so poetisch wie ein paar Jahre davor – messerscharf erkannt hat, daß sich hinter der Lilly in meinem Roman niemand anders verbergen kann als die Freundin des freundlichen älteren Herrn (deren Buch zufällig und wie durch ein Wunder schon in der ersten Auflage eine Spruchblase mit einem ein bißchen gequält klingenden Lob von ihm ziert), hat mir Cornelius Busch auf einmal leid getan, und ich habe mich gefragt, ob es nicht auch an ihm selbst liegt, daß er nicht erkannt worden ist, ob es möglicherweise geholfen hätte, wenn er manchmal in den Vorlesungen und Seminaren des Guten gesessen wäre, selbstverständlich in der vordersten Reihe, Teil einer ebenso blutleeren wie vampirhaften Schattenhörerschaft, oder wenn er als Sous-Chef oder Hilfskoch eine Aufgabe in der Suppenküche übernommen, hier oder dort ein wenig mitgerührt und damit zu der ach so schützenswerten Spezies der österreichischen Literaturbürokraten gezählt hätte, für die andere oder gar keine Gesetze gelten.

»Seine *vorderste Reihe der österreichischen Literatur ... Gott bewahre ...*«, sagt andererseits der Schriftsteller im *Selbstportrait mit einer Toten*, ohne daß es unbedingt der verehrte Professor sein muß, auf den er sich damit bezieht, »... seine *vorderste Reihe*, wenn ich daran denke, wen er da schon alles plaziert hat, dann sitze ich lieber in der *hintersten*, wenn ich mir anschaue, wer sich da breitmacht, welche *Genossen*, oder ich wäre noch lieber überhaupt nicht im Spiel ...«

Meine Lilly, vielleicht kann ich das an dieser Stelle deutlich machen, hat ihren Namen von einer italienischen Fernsehmoderatorin, während der freundliche ältere Herr seine Freundin bei jeder passenden und unpassenden Gelegenheit die neue Bachmann nennt und ich einerseits denke, warum nicht, mir andererseits aber immer überlege, weshalb Ingeborg Bachmann (die echte!) aus Wien weggegangen ist ... ach, ach, ach ... *Biografie: Ein Spiel* ... Ja, Max Frisch, ja ... Aber was für ein Spiel ist das, wenn jemand in seiner Diplomarbeit über Schriftstellerinnen der Gegenwart ein ganzes Kapitel über sich selbst schreibt, wie es diese neue Bachmann getan hat? ... »Jetzt rede ich«, hallt es in meinen Ohren wider. »Jetzt rede ich.«

Was soll ich darauf sagen?

»Why don't you just …«

Das ist alles, was mir einfällt, und dazu noch auf englisch oder gar amerikanisch, weil bei uns natürlich sonst kein Mensch so spricht.

»Just …«

Den Höhepunkt und gleichzeitig eine Art Katharsis erreichte die kleine Affäre um meinen Roman zu Weihnachten 2003, als ich ein weiteres Mal nach Kroatien und von dort nach Serbien und nach Bosnien fuhr. Da ergab sich eine merkwürdige Situation, weil die Geschichte, die ich davon erzählen muß, wie ein Kommentar der Wirklichkeit selbst zu dem Tohuwabohu anmutet und sie gleichzeitig nur einen Sinn ergibt, wenn ich versichere und wenn man mir abnimmt, daß sie wahr ist, das heißt, daß ich sie nach bestem Wissen und Gewissen genauso erzähle, wie sie sich zugetragen hat. Das bringt mich in ein doppeltes Dilemma, weil ich einerseits ja nicht daran glaube, daß es das überhaupt gibt, ein Erzählen ohne notwendige Unschärfe, und weil andererseits diese Versicherung Teil einer Strategie sein kann, etwas als glaubwürdig auszugeben, obwohl ich es mir in Wahrheit vielleicht aus den Fingern gesogen habe. Dabei kann ich für mich bloß in Anspruch nehmen, daß alles Vorgefallene so haarsträubend unwahrscheinlich ist, wie ich nie wagen

würde, es zu erfinden – was es in einem Umkehr-
schluß immerhin wahrscheinlich macht.

Die Vorgeschichte ist einfach, eine junge Frau, die
ich nicht mehr aus dem Kopf bekommen habe, seit
ich J. M. Coetzees neues Buch *Elizabeth Costello* gelesen hatte. Sie sollte das fiktive Gegenstück zu seiner Titelfigur sein, einer alternden Schriftstellerin,
die mit ihren nicht immer salonfähigen Ansichten
bei mehreren Anlässen vor die Öffentlichkeit tritt
und dabei unter anderem über Realismus spricht,
und in Anlehnung an sie Eliza Kostelić heißen. Sie
wäre meine Übersetzerin ins Kroatische und hätte
– so meine Idee für einen neuen Roman – gerade
begonnen, sich mit dem *Handwerk des Tötens* zu be-
schäftigen, und ich malte mir aus, sie müßte den Erzähler zur Rede stellen, sich erkundigen, warum er
gewisse Entscheidungen so und nicht anders getroffen habe, warum er sich jedes Urteils enthalte und
in einem Konflikt wie dem in den neunziger Jahren
auf dem Balkan, in dem es doch eindeutig Schuldi-
ge gab, die Trennung zwischen Tätern und Opfern
verwische. Deswegen würde sie ihn der Feigheit
bezichtigen, und der Höhepunkt wäre die Frage, ob
er tatsächlich glaube, über das kroatische Konzen-
trationslager von Jasenovac im Zweiten Weltkrieg
schreiben zu können, wie ich es getan hatte, ohne
Bleiburg und wofür der Name der Südkärntner

Stadt in der jugoslawischen Geschichte steht, zu erwähnen.

Dort waren eine Woche nach dem offiziellen Kriegsende am 8. Mai 1945 Zehntausende, die vor den vorrückenden Tito-Partisanen in ihre Obhut geflohen waren, von den britischen Besatzungsbehörden über die Grenze nach Jugoslawien zurückgeschickt worden, obwohl es keinen Zweifel gab, was ihnen bevorstand. Es war eine disparate Gruppe, neben Zivilisten slowenische und kroatische Landwehrsoldaten, aber auch Angehörige der Ustascha und Tschetniks, und die meisten von ihnen ereilte dasselbe Schicksal. Entweder sie wurden, kaum wieder auf heimatlichem Boden, an Ort und Stelle, fast noch in Sichtweite der angeblich nicht mehr als hundertfünfzig Engländer, wie es in einschlägigen Dokumenten heißt, erschossen oder auf Todesmärsche ins Innere der neu entstehenden Volksrepublik getrieben und, wenn sie die überlebten, in Lager verbracht, in denen noch Jahre danach viele umkamen.

Unter anderem darüber sollte der Erzähler meines Romans mit seiner Übersetzerin auf einer Reise sprechen, die sie gemeinsam von Belgrad nach Pale unternahmen, und um in den letzten Tagen des vergangenen Jahres selbst diese Route abzufahren und einen Eindruck davon zu gewinnen, war ich am Weihnachtsabend mit Suzana von Tirol zunächst nach Zagreb gekommen. Wie bei all meinen vorherigen Aufenthalten in der Stadt wollte ich mich im Hotel Palace am Strossmayer-Platz einmieten, wo nach meinem Willen auch die beiden sich ausgerechnet an dem Tag treffen würden. Es war, für sie wie für mich, ein melodramatisches Datum, Weihnachten, von allen Möglichkeiten im Jahr, und darüber hinaus ein melodramatisches Haus, weil sich in meinem Buch Allmayers Freund Paul dort umgebracht hat und von ihm kein Abschiedszeichen gefunden worden ist, außer einem Blatt mit dem Satz »Ich werde nicht mehr schreiben« und darunter dem Hinweis auf Cesare Paveses Tagebuch *Das Handwerk des Lebens*, dem er entnommen ist.

Daran dachte ich, an dieses Ineinandergreifen von realen und fiktiven Räumen, als ich in der längst hereingebrochenen Dunkelheit mein Auto auf dem Bürgersteig vor dem Hoteleingang parkte. Ob ich es wollte oder nicht, es war nicht mehr das Haus, das ich in den Jahren davor so oft aufgesucht hatte, mein eigenes Schreiben hatte es für mich verändert, und es wäre nahegelegen, daß sich mir der Eindruck aufgedrängt hätte, darob selbst mehr und mehr eine Figur wie aus einem Buch geworden zu sein, aber ich wurde nur von einem Schwindel erfaßt über die Zufälligkeit meines Hierseins, als ich die paar Stufen zur Lobby hinaufstieg, die Absurdität und das gleichzeitige Gefühl vollkommener Freiheit. Es waren die gleichen beflissenen Hotelangestellten, bei denen ich mir jedesmal die Frage gestellt hatte, ob sie sich tatsächlich noch an meinen letzten Besuch erinnerten oder nur so taten, und mir dann sagte, daß es egal war, solange ich mich dadurch auf eine Art beheimatet fühlte, wie es mir zu Hause nie passiert wäre, der gleiche Hoteldiener, dem ich nach dem üblichen kleinen Kampf meine Tasche schließlich doch überließ, die gleiche nur sehr oberflächlich und doch am besten österreichisch genannte Atmosphäre in dem 1907 eröffneten Gebäude, kaum hatte sich die Tür hinter mir geschlossen, und trotzdem empfand ich nicht mehr die Aufgehobenheit wie all die anderen Male. Die Erklärung dafür brauchte ich nicht lange zu suchen, ich hatte die Arbeit an meinem Roman, der immer auch der Grund für meine Reisen nach Kroatien und nach Bosnien gewesen war, nicht weiter als Halt und hing nun ausgespuckt aus seiner finsteren Welt in der Luft.

Ich überlegte einen Augenblick, mich unter dem Namen einzutragen, den ich seit einiger Zeit immer häufiger statt meines eigenen verwende, Paul … (aber das ist nur ein allzu apartes Detail), in

Buchhandlungen, beim Bestellen von Kino- oder Theaterkarten oder wenn ich Angst habe, erkannt oder auch nicht erkannt zu werden, und dann entweder Fragen nach meinem Skifahrer-Bruder beantworten oder mühsam Buchstabe für Buchstabe vor mich hersagen muß.

»Können Sie bitte wiederholen, wie Sie heißen?«

Es war immer dasselbe, und ich konnte mir vorstellen, welche Mühe ein anderer Herr damit gehabt hatte, bevor er sich in der für ihn kennzeichnenden Radikalität entschloß, das Problem mit sechs stählernen Buchstaben ein für alle Mal aus der Welt zu schaffen – obwohl er selbst dadurch nur um so realer wurde.

»Iossif Wissarionowitsch Dschugaschwili.«

Damit hätte ich auch meine Schwierigkeiten gehabt.

»Wollen Sie sich das wirklich antun?«

Es war nur ein kurzes Zögern, bevor ich das Blatt ausfüllte, aber ich sah, daß Suzana den Nachtportier anstarrte, der wartete und zuschaute, wie ich meine Taschen durchsuchte und ihm schließlich meinen Paß überreichte. Sie stieß mich mit dem Ellbogen an, und ich wußte nicht, worauf sie mich hinwies, und versuchte, ihn ihre Aufregung nicht merken zu lassen. Es war nichts weiter auffällig an seiner Erscheinung, ein Mann in den mittleren Jahren, das

Haar eher hell, der Anzug dunkel, Schnurrbart, Bril-
le, wie tausend andere sie trugen, und ich wollte sie
schon fragen, was los sei, als mein Blick auf das
Namensschild an seiner Brust fiel, auf dem I. Radiš
stand.

»Unglaublich«, dachte ich. »Unglaublich.«

Das war der Augenblick, in dem er selbst an sich
hinunterschaute und dann abwechselnd Suzana und
mich ansah, als warte er auf eine Erklärung.

»Eine Frau mit Ihrem Namen hat versucht, mich
umzubringen.«

Am Vortag war in einer großen deutschen Wo-
chenzeitung (wie man so sagt) eine ziemlich unfei-
ne Besprechung meines Romans von einer gewissen Iris Radisch erschienen, die am weitesten ging
in dem bewußt mißverstehenden Versuch, ihn seiner Fiktionalität zu berauben (»Gabriel Grüner …
war ein ungemein sympathischer Hamburger Kol-
lege«), eine von dem Kaliber, wie sie sonst eher in
sehr kleinen, sehr österreichischen und meistens
auch sehr unverkäuflichen Subventions- und Res-
sentimentzeitschriften zu lesen sind, und der Satz
war mir herausgerutscht, obwohl ich wußte, wie
pathetisch das wirken mußte, in einem Land, in
dem wenige Jahre davor noch Krieg geherrscht hatte und Tausende tatsächlich umgebracht worden
waren.

Entsprechend fiel seine Reaktion aus.

»Sie hat versucht, Sie umzubringen?«

Er lachte wie jemand, der dafür bezahlt wurde, zu lachen, und ich wollte nein sagen, um mir alle weiteren Peinlichkeiten zu ersparen, und sagte dann doch ja und konnte ihm natürlich nicht erklären, daß ich mich bereits auf der ganzen Fahrt hierher über sie ausgelassen hatte, als er wissen wollte, warum.

»Ich frage mich auch, was sie dazu gebracht hat«, antwortete ich, und spätestens an der Stelle hätte ich das Gespräch abbrechen müssen. »Ich habe nichts gegen sie, ganz und gar nicht, für mich ist sie eine aufregende Frau.«

Im Auto hatte das noch ganz anders geklungen, aber es wäre absurd gewesen, ihm damit zu kommen, und ich wollte schon den Schlüssel nehmen und gehen, als Suzana sich einschaltete und sagte, es liege daran, daß sie so deutsch sei, um dann augenblicklich ins Kroatische zu verfallen.

»Toliko je Njemica.«

Das griff er sofort auf.

»Toliko je Njemica?«

Er brauchte gar nicht zu wissen, worum es ging, um das Hin und Her in Gang zu halten, und ihr war es egal, daß er die Worte nur nachplapperte, als hätte er ihren Sinn nicht verstanden.

»Toliko je Njemica a toliko proba da to ne bude«, sagte sie, noch bevor er zu Ende geredet hatte. »To je njena cjela tajna.«

Ich war froh, daß er wieder Deutsch sprach, als er gleich darauf erklärte, sich trotz der Namensähnlichkeit nicht vorstellen zu können, mit ihr verwandt zu sein. Er wollte wissen, woher sie kam, und als ich ihm das nicht sagen konnte, erzählte er, daß seine Leute aus der Gegend von Dubrovnik stammten und daß die meisten von ihnen nach Amerika ausgewandert waren und er von keinem wüßte, der nach Deutschland gegangen sei. Dann fragte er doch noch, was es mit ihr wirklich auf sich habe, und ich versicherte ihm, es wäre reine Kinderei, entschuldigte mich und zog Suzana Richtung Lift, erleichtert, als sich die Kabine hinter uns schloß.

»Was hast du ihm von ihr verraten?«

Ich suchte im Spiegel ihren Blick.

»Du hast ihm doch nicht den Quatsch erzählt, den ich über sie verzapft habe«, sagte ich und erinnerte mich daran, wie ich mich über ihren Klein-Mädchen-Blick auf Osteuropa lustig gemacht und sie die weiße Massai für Polen und Rußland und natürlich auch für den Balkan genannt hatte. »Was soll er damit anfangen, wenn er sie nicht kennt?«

Sie zuckte mit den Schultern.

»Du hast doch selbst alles gehört.«

Offensichtlich interessierte es sie schon nicht mehr.

»Ich habe nur festgestellt, daß sie deutsch ist und so sehr versucht, es nicht zu sein«, sagte sie schließlich doch noch, und in ihrer Stimme war der reine Spott. »Dann habe ich mir erlaubt, hinzuzufügen, das sei ihr ganzes Geheimnis.«

Natürlich war ihr Urteil absurd, aber ich mochte sie in diesem Augenblick sehr. Es hatte für mich nie eine Rolle gespielt, daß sie eine Slawin war, doch jetzt konnte ich mir nicht helfen, ich dachte es, weil ich es denken wollte, und war glücklich und gab mich ganz dem Kitsch hin, mit ihr an einen anderen Lebensstrom angeschlossen zu sein, all diesen Unsinn, den ich sonst nur verachtete, das übliche Gerede vom wirklichen Leben und folglich auch der wirklichen Literatur, die es selbstverständlich nur irgendwo weit, weit weg gab, in einem arkadischen Süden, einem am liebsten im vorindustriellen Stillstand gehaltenen Osten oder überhaupt gleich bei den Toten. Während wir zum Zimmer gingen, fiel es mir wieder einmal schwer, zu glauben, daß sie sich auf mich und meine Unternehmungen (wie diese Reise) eingelassen hatte, deren Ausgang immer ungewisser wurde. In ihrem knöchellangen weißen Schaffellmantel hätte sie genausogut eine Sankt Petersburger Kaufmannstochter vor dem

Ersten Weltkrieg sein können, die sich zu einer Ausfahrt mit dem Schlitten bereitgemacht hatte, wie das Mädchen eines neureichen Moskauer Gangsters in einem Schweizer Nobelskiort fast hundert Jahre später, und ich brauchte mir dazu nur Nabokov vorzustellen, einmal als sehr jungen Mann auf dem Gut seiner Eltern in Vyra, einmal als älteren und dann alten Herrn und Dauerresidenten im Palace Hotel in Montreux, Autor von *Lolita* und mehr als einem Dutzend anderer Romane, damit ich wenigstens für einen Augenblick keinen Zweifel hatte, meinem traurigen Schicksal und der Verdammnis, die ich auf mich gezogen hatte, doch noch zu entkommen.

Bis Mitternacht waren es zwei Stunden, und ich ließ mir ein Bad ein und schrieb, während das Wasser in die Wanne prasselte … oh weh, welch erschütternder Blick auf die Trümmer einer Schriftstellerexistenz, die es letzten Endes wohl doch war … einen Brief an Iris Radisch. Es war mir in den Sinn gekommen, daß ich die Geschichte dieses unwahrscheinlichen Zusammentreffens möglicherweise irgendwann erzählen wollte und dann einen Beweis brauchte, daß es nicht bloß ein Hirngespinst von mir war, und da erschien es mir am besten, sie gleich zu involvieren. Also saß ich da und fing an: »24. Dezember 2003 … Liebe … ich habe Ihre

Besprechung meines Romans gelesen – ziemlich ernüchternd. Der außerliterarische Antrieb, den Sie mir unterstellen, scheint bei Ihnen doch eher noch größer zu sein ...«

Es war nichts zu gewinnen, auch nicht mit meinem hochstaplerischen Hinweis auf Saul A. Kripkes Buch *Naming and Necessity*, natürlich nicht, so sehr ich mich bemühte, einen möglichst gelassenen Ton anzuschlagen, und doch freute ich mich. Ein und derselbe Name, mit einer kleinen Abweichung nur in der Schreibweise, einem »š« statt dem »sch«, dazu zwei Personen, männlich und weiblich, und darüber hinaus beide real, bedeutete für mich, daß die Wirklichkeit großzügiger verfuhr, als die halbbeamteten und pragmatisierten Parkwächter der Literatur es sich in ihren Planquadraten ... wie mich das ins Alliterieren bringt ... in ihren geometrisch angelegten und sauber gestutzten französischen Gärten und Friedhöfen der Phantasie auszumalen vermochten. Da schien mir jeder weitere Kommentar überflüssig zu sein, so sehr konnte man sich auf die Himmelsmechanik verlassen, in der die Rädchen offenbar doch viel feiner aufeinander abgestimmt waren, als es ein grob planierender Blick, von welchen Interessen auch immer geleitet, wahrhaben wollte, und obwohl ich mich von der mehr als zehnstündigen Fahrt müde fühlte, ging ich später noch zur Mette in die Kathedrale, weil ich – Idiot aus den Alpen, der ich war – *Stille Nacht* auf kroatisch hören wollte, »tiha noć, sveta noć«, und schlief im Stehen, eingekeilt in die Menge, augenblicklich ein.

Die Fahrt von Belgrad nach Pale, die mein Erzähler mit seiner Übersetzerin unternehmen würde, sollte anfangs wenigstens teilweise auf der Route erfolgen, die Peter Handke auf seiner Reise im Herbst 1995 gewählt hatte, und auch deswegen las ich am nächsten Tag das Interview noch einmal, das Gabriel Grüner mit ihm gleich nach der Veröffentlichung seiner ersten Reiseerzählung geführt hatte. Er hatte mir damals von der Begegnung mit ihm erzählt, und ich erinnerte mich wieder daran, wie begeistert er gewesen war, trotz allem, was er von ihm gelesen und in dem Gespräch zu hören bekommen hatte – als bliebe er für ihn ein Held früherer und vielleicht auch zukünftiger Tage. Denn so viele seiner jetzigen Aussagen er für fragwürdig hielt, er schien sich von ihm und damit von seiner Literatur noch immer so viel zu erwarten, daß es ihm wichtig war, nachzufragen, und das kam mir bei allem, dem er so lange ausgesetzt gewesen war und das er auf den verschiedensten Kriegsschauplätzen gesehen haben mußte, mindestens bemerkenswert vor.

Mit dem nachträglichen Wissen um sein Schicksal ist es erschütternd, in dem Interview zu lesen, wie Peter Handke ihn fragt, ob er nach all den Jahren die Waffen voneinander unterscheiden könne. Seine Antwort ist klar, ein Maschinengewehr und ein Granateinschlag seien leicht auseinanderzuhalten, und er wisse, wann etwas »incoming« oder »outgoing« war, und das wäre wichtig für das richtige Verhalten. Dann läßt er sich von Ludwig Wittgenstein erzählen und davon, daß der im Ersten Weltkrieg fast ergriffen vom Kanonengedröhne gewesen sei, aber er kann mit dem Hinweis auf eine mystische Vereinigung und der Frage, ob er auch schon so etwas erlebt habe, offensichtlich wenig anfangen.

»Nein, ich habe Angst, mir geht's durch Mark und Bein«, antwortet er mit einer Nüchternheit, die jede Überhöhung, alles Reden über ein Fronterlebnis, das erhebend sein könnte, von vornherein ausschließt. »Es ist nicht zu vergleichen mit einem Fernsehbild.«

Das Gespräch, das die beiden führen, ist auch ein Gespräch über Fakten und Fiktion, ein Gespräch darüber, wie man über Krieg schreiben kann, eines über die Möglichkeiten des Journalismus und die der Literatur.

»Ich habe mir jeden Zeitungsausschnitt kommen

lassen, was ich sonst nie tue«, sagt Peter Handke ganz am Anfang. »Ich wollte wissen, wie jeder mit der Sprache umgeht.«

Die Antwort von Gabriel Grüner erfolgt erst ein paar Absätze später, erst nachdem er ihn auf das Massaker von Srebrenica angesprochen hat.

»Sie berufen sich auf Ihr Formgewissen«, hält er ihm dann entgegen. »Aber sind die Fakten nicht wichtiger als die sprachliche Form?«

Es ist eine Diskussion, die so weitergehen könnte, ohne irgendwohin zu führen, solange diese Trennung strikt aufrechterhalten wird, und sie löst sich erst auf, wenn man sowohl gegen ein schieres Diktat des Faktischen als auch gegen eine Abgehobenheit und Unverbindlichkeit der Literatur ein Erzählen setzt, das sich auf genaue Fakten stützt, wie es etwa Danilo Kiš mit seiner an Borges geschulten Poetik des Dokumentarisch-Imaginären, seiner *faction-fiction* getan hat. Dabei werden faktische und fiktive Dokumente so verwendet, daß am Ende nicht mehr, zumal nicht auf den ersten Blick, zu unterscheiden ist, welche welche sind, und diese Unterscheidung keine Rolle mehr spielt. Es ist der doppelt paradoxe Versuch, der Literatur mit ihren eigenen Mitteln zu entkommen und genau dadurch mitten in ihrem neu zu definierenden Zentrum zu landen, in dem »die literarischen (psychologischen)

Fakten … vom ›historischen‹ Material gestützt [werden], die historischen vom − literarischen«, wie es in der *Anatomiestunde* heißt.

Ein Satz von Grabbe, den Danilo Kiš in dem Buch zitiert, hält die Möglichkeiten eines solchen Schreibens fest, Möglichkeiten, die sich aus einer sowohl bescheidenen als auch selbstbewußten Beschränkung ergeben: »Aus Nichts schafft Gott, wir schaffen aus Ruinen!« Zwischen diesen beiden Polen spielt sich auch das Dilemma von Peter Handkes Versuchen ab, die jugoslawische Wirklichkeit, und das heißt Kriegswirklichkeit, zu erfassen. *Als das Wünschen noch geholfen hat* lautet der Titel eines seiner frühen Bücher, und man könnte fortfahren, ja, da war es die Stunde der Märchenerzähler, und die Literatur ein frei fliegender Vogel, aber seither ist der Schriftsteller, so er denn Zeitgenossenschaft beansprucht, zum Aufräumarbeiter geworden, wie es etwa die Romane von Uwe Johnson, W. G. Sebald oder Marcel Beyer eindrucksvoll demonstrieren, zu einer »Trümmerfrau des Faktischen«, auf daß sich aus den Bruchstücken etwas am Ende doch Flugfähiges erhebe, nicht unbedingt wie Phönix aus der Asche, sondern eher wie die dreidimensionalen Figuren aus den zweidimensionalen geometrischen Mustern in den Bildern von M. C. Escher.

Es gibt einen Aufsatz von Danilo Kiš mit dem Titel *Die Generäle und die Dichter*, in dem er, bezogen auf die Zeit des Zweiten Weltkriegs, dafür plädiert, das Faktische nicht den Generälen und Heerführern mit ihren Memoiren zu überlassen, deren Wahrheit des angeblich Authentischen der heutige Leser eher zu glauben geneigt sei als der sogenannten künstlerischen Wahrheit, und das fiel mir unter anderem wieder ein, als ich am Weihnachtstag auf den Mirogoj ging und dort direkt hinter dem Eingang das monströse Grab von Tudjman sah, das bei meinem letzten Besuch auf dem Friedhof, nicht lange nach seinem Tod, noch nicht errichtet war, finster schwarzer Stein, tonnenschwer, der die Ewigkeit überdauern soll. Ich hatte eigentlich, nur ein paar Schritte weiter, zum Grab von Miroslav Krleža gewollt, nicht zuletzt deshalb, weil ich seinem Roman *Die Rückkehr des Filip Latinovicz* eine deutliche Vorstellung von Ostslawonien verdankte, seinem pannonischen Himmel und seinem pannonischen Schlamm, noch bevor ich dort gewesen war, und stand nun statt dessen vor dem Monument des ehemaligen Partisanengenerals und späteren nationalistischen Eiferers und Staatspräsidenten mit allen Allüren eines Diktators. Es waren zu viele Leute da, als daß ich es gewagt hätte, wenigstens einen Teil der Blumen von dort wegzutragen, wie ich es ein paar Jahre davor in Paris, aus ganz anderen Gründen und in vielleicht kindischem Überschwang, einige Male auf dem Cimetière du Montparnasse getan hatte, die Blumen von Jean-Paul Sartres und Simone de Beauvoirs Grab auf das von Samuel Beckett, und so starrte ich nur auf die glatte Oberfläche des Marmors, unter dem, zumindest nach den kolportierten Worten des damaligen Parlamentspräsidenten, der erste wirkliche Führer Kroatiens seit neunhundert Jahren lag.

Ich erinnerte mich auch wieder an das Gespräch von Gabriel Grüner mit ihm vor Weihnachten 1991, wenige Wochen vor der Anerkennung der Unabhängigkeit des neuen Staates durch die Europäische Union. Die Fragen, die er ihm stellte, waren kaum überraschend, angefangen bei der Ustascha-Vergangenheit und ihren Auswüchsen in der Gegenwart bis hin zur Situation der serbischen Minderheit im Land, und genausowenig überraschend waren auch die »statements«, die er von ihm bekam, und seine Attitüde, ein Staatsmann, der sich staatsmännisch gab, auf Ausgleich und Versöhnung bedacht, und erst am Ende erkennen ließ, wie kategorisch er sein konnte. Da hatte er ihn explizit nach Serbien gefragt, und seine Antwort hört sich selbst in der transkribierten und wahrscheinlich gekürzten Fassung wie ein Sermon an, den er schon tausendmal von sich gegeben hatte, Serbien gehöre zu einer ganz anderen Welt und einer ganz anderen Zivilisation, auf der einen Seite liege der Westen, auf der anderen der Osten, hier die römisch-katholische Kirche, dort die orthodoxe, und dazwischen verlaufe eine Grenze.

Am Tag darauf konnte ich auf der Fahrt Richtung Osten immerhin feststellen, daß es Belgrad auch für Kroatien offiziell wieder gibt, auf den Autobahnschildern nach Slawonien, und nicht mehr nur das ominöse Lipovac, das letzte Nest vor der Grenze, das in den vergangenen Jahren alle paar Kilometer verläßlich das Ende der Welt angekündigt hat, von Zagreb in zweieinhalb Stunden erreichbar. Es sind jetzt drei politische Zustände dokumentiert, einerseits immer noch durch den zu einer skurrilen Berühmtheit gelangenden Ort, andererseits durch Beograd SiCG, was für Srbija i Crna Gora steht, Serbien und Montenegro, aber an einer Stelle auch durch das ältere, wenn ich mich richtig erinnere, von Einschüssen zerdellte Beograd YU. Ich hatte keinen Grund, auf die zwei Buchstaben nostalgisch zu reagieren, es war nicht mein Land, und es war meine Geschichte nur, soweit ich sie dazu machte, aber in seinem letzten Aufblitzen rührte es mich immer an, dieses allmähliche Verschwinden selbst des Namens nach dem blutigen

Zerfall, und es ist eine makabere Pointe, wenn Slavenka Drakulić in ihrem Buch *Keiner war dabei* beschreibt, daß die Idee von Jugoslawien am ehesten noch im Gefängnis von Scheveningen lebendig ist, wo die der schlimmsten Kriegsverbrechen und Verbrechen gegen die Menschlichkeit Angeklagten aller ehemaligen Konfliktparteien auf ihre Auftritte vor dem Tribunal in Den Haag warten und zusammen kochen, Karten spielen und was nicht sonst noch alles »Völkerverbindendes« treiben, ganz im Sinn der jahrzehntelang beschworenen und staatlich verordneten »Brüderlichkeit und Einheit«.

Es war ein wunderschöner Tag, nicht sehr kalt, auf der Autobahn, wie auch sonst immer, fast kein Verkehr und die Raubvögel, in scheinbar regelmäßigen Abständen entlang der schnurgeraden Strecke postiert, schon von weitem zu sehen. Links und rechts auf den Äckern da und dort ein Hauch Schnee, die Ölpumpen, bald hinter Zagreb, nicht in Betrieb, und die letzten Kilometer vor der Grenze kündigten sich durch einen Streifen eher knie- als knöchelhohen Mülls von den wartenden Lastwagen und Autos am Fahrbahnrand an. Wenn das Land bereits in Slawonien flach gewesen war, abgesehen von den Hügeln manchmal in der Ferne, wurde es in der Vojvodina noch flacher, jetzt von einer durchgehenden Schneeschicht überzogen – ihr Glitzern in der tiefstehenden Sonne, und dann, nachdem sie untergegangen war, die Sanftheit der Farben, das Blau, lange noch, des Himmels, das Abendrot. Die längste Zeit war weit und breit keine Behausung zu entdecken, keine menschliche Ansiedlung, der Horizont im aufkommenden Dunst, als könnte man dort mit freiem Auge die Erdkrümmung erkennen, und in der Dämmerung verloren sich die Konturen, schien sich die Welt in ein Gewirr von Tausenden von ununterscheidbaren Punkten aufzulösen.

Der Stau vor Belgrad kam für mich dann wie aus dem Nichts, 16:39, 16:40 auf der Digitalanzeige an einem Hochhaus bei der Abfahrt nach Zemun, und immer noch der 26. 12., und – 1 °C, die Daten wie aus einem Koordinatennetz, in dem sich die sonst zu verschwinden drohende Wirklichkeit verfangen sollte. Als Hotel das Hotel Moskva, Peter Handke hier als Reiseführer (auch wenn es bei ihm Moskwa heißt), Balkanska 1, Zimmer 325, und hinter der Portiersloge ein Treiben, als wäre jede Stelle nicht nur doppelt, sondern dreifach besetzt, aber keine Spur von den »spätabends am Treppenaufgang sitzenden Mädchen … in ihren Sesseln direkt neben dem Aufzug, wo sie rauchten und ein wenig die Beine öffneten für den Fall, dass einer nicht begriff«,

wie ich es in einem Roman gelesen hatte. Es waren
die Putzfrauen, die am nächsten Morgen dort saßen, zwei abgearbeitete Damen mittleren Alters in
Arbeitskitteln und Borosane, dem an Fußspitzen
und Fersen offenen »jugoslawischen« Stützschuh-
werk, das nur ausgesprochene Fetischisten für ero-
tisch halten konnten, und ich hätte schon den halb-
vollen Aschenbecher zwischen ihnen und die Ziga-
retten, die sie in den Händen hatten, als Beweis
ansehen müssen, daß sie – na ja – vom rechten Weg
abgeraten waren.

Es ist mir nie so deutlich zu Bewußtsein gekommen, in welchem Ausmaß Erzählen eine Frage der
Auswahl ist, wie in diesen zwei Tagen in Belgrad –
was sagt man und was läßt man weg. Die Kriegs-
schäden da und dort sind genauso wirklich und unwirklich wie der abendliche Lichterglanz auf der
Terazije, auch wenn sie für mich allein schon wegen
des Lebens rundum in der Stadt nicht die Endgül-
tigkeit haben wie in den regelrecht aus der Zeit ge-
schossenen Dörfern in Kroatien und in Bosnien,
aber ob man das erwähnen soll oder nicht, ist damit
noch lange nicht gesagt. Man kann es so oder so
machen, und ich weiß nicht, was das größere Un-
glück wäre, eine ganz und gar harmlose Sightsee-
ing-Tour zu beschreiben, die zu jeder Stunde des
Tages belebte Kneza Mihaila hinauf, auf den tief-

verschneiten Kalmegdan mit der Aussicht dort, dem im Winterlicht nicht anders als atemberaubend zu nennenden Blick auf den Zusammenfluß von Donau und Save zu Füßen der Festung, oder sich statt dessen darauf zu beschränken, die Raketen- und Bombenziele aus dem Frühjahr 1999 eines nach dem anderen abzuklappern, ohne einen Gedanken an sonst etwas zu verschwenden, »Volltreffer« und »Kollateralschäden«, bis einem alles zum Hals heraushängt.

Es sind jedesmal Entscheidungen, über das eine zu schreiben und über das andere nicht, Ausweichmanöver, mehr oder weniger der eigenen Blindheit geschuldet, oder man driftet überhaupt in der Zeit ab, wie es der serbische Schriftsteller Miodrag Pavlović in seinem Buch *Usurpatoren des Himmels* getan hat, dessen Problem einzig und allein sein Erscheinungsdatum ist, auch wenn sein Übersetzer ins Deutsche das ganz anders sieht. Der lobt ihn in seinem Nachwort nämlich ausdrücklich dafür, seine Jugenderinnerungen an die Bombardierung Belgrads 1941 durch die Nazis und 1944 durch die Alliierten im Original im März 2000 publiziert zu haben, genau ein Jahr nach Beginn der NATO-Luftangriffe auf das Jugoslawien Miloševićs, erklärt aber nicht, warum er die mit keinem Wort erwähnt, geschweige denn sich die Mühe macht, etwas zur

Vorgeschichte zu sagen, den Greueltaten in Kroatien, in Bosnien und im Kosovo im Jahrzehnt davor. Wenn er behauptet, daß er damit ein unmißverständliches Zeichen nicht nur für die eigenen Landsleute setzt, hat er wahrscheinlich recht, aber bevor man sich genauer fragen kann, was er damit wohl meint, bekommt man schon – was für eine Lächerlichkeit – die Propaganda von einem »stolzen Volk« serviert, »das sich dem Diktat der Mächtigen nicht beugen will«, und dazu den haarsträubenden Schluß, daß das 1999 nicht anders gewesen sei als 1914 oder 1941, der sich in seiner im Zweifelsfall sicher »antifaschistisch« genannten Verbohrtheit, für die jede zukünftige Schuldfrage spätestens durch den Zweiten Weltkrieg geklärt worden ist, dann tatsächlich liest wie eine Selbstdarstellung des für Tausende von Toten verantwortlichen Regimes.

Der 28. Dezember war ein Sonntag, und an dem Tag fanden in Serbien Parlamentswahlen statt, und ich muß immer noch lachen, wenn ich daran denke, daß ich das Plakat, das ich da und dort in der Stadt sah und schließlich vor einer Buchhandlung auf der Terazije geklaut habe, zuerst für ein Wahlplakat hielt. Es zeigte einen Mann in weißem Hemd und schwarzer Jacke, sein Blick ein wenig streng, und obwohl ich das Gesicht zu erkennen glaubte, ließ ich mich zuerst von dem Namen neben seinem

Kopf ablenken. Aber es war nur die landesübliche phonetische Schreibweise, hinter Dž. M. Kuci verbarg sich niemand anders als J. M. Coetzee, und ich brauchte nicht Serbisch zu verstehen, um mir den Sinn der Worte darunter zusammenreimen zu können, »Nobelova nagrada za književnost 2003«.

Das zu erwähnen ist reine Willkür, genauso wie es reine Willkür war, daß ich wenige Jahre davor, im Sommer 2000, bei meinem Besuch in Titos Geburtshaus in Kumrovec, ganz in der Nähe der kroatisch-slowenischen Grenze, ein paar Zeilen eines Partisanenlieds ins Gästebuch geschrieben hatte, »Druže Tito / ljubičice bjela / tebe voli / omladina cjela« (Genosse Tito, du weißes Veilchen, dich liebt die ganze Jugend), um dann aus purem Schalk, aus einer berufsbedingten Neigung zum Hochstapeln und Lügen, oder weil ich es ganz einfach nicht lassen kann, den Namen von Siegfried Unseld darunter zu setzen ... Wenn ich daran denke, habe ich sofort wieder das Puppenstubenhafte in Erinnerung, in dem dort die Herkunft des 1980 verstorbenen Staatschefs musealisiert ist, und mir fallen augenblicklich die fast kindlichen Beschwörungen ein, die es nach seinem Tod gegeben haben soll und die in der Formel »nach Tito Tito« gipfelten, eine Verschärfung des klassischen »Der König ist tot. Es lebe der König«. Ich weiß nicht, ob man sinnvoll davon sprechen kann, daß eine Gesellschaft infantilisiert ist, aber angesichts der radikalen Parteien, die sich in Serbien ein knappes Vierteljahrhundert später mit großem Zuspruch der Wahl stellten, hätte sich diese Folklore, wenn auch nicht mehr mit Tito, ohne weiteres in die Gegenwart fortsetzen lassen, dieses tautologische Sehnen, »nach der Katastrophe die Katastrophe« als Wahlspruch für die letzten Ideologen im Inland und im Ausland, die immer noch an ein himmlisches Märtyrervolk glaubten.

Die Plakate mit dem Konterfei von Milošević waren mir in der Stadt nicht aufgefallen, aber je weiter wir an dem Tag hinauskamen, auf unserer Fahrt nach Valjevo, Richtung Südwesten, und von dort über die Berge an die Drina, um so häufiger fanden sie sich, zugegeben immer wieder auch heruntergerissen auf der Straße. Es waren gespenstische Wegweiser, die in der Winterlandschaft unversehens auftauchen konnten, auf einem Baum befestigt, an einer Bushaltestelle, und je seltener dann Leute unterwegs waren zwischen den wie ausgestorbenen Weilern auf der Höhe, nur manchmal da und dort Fußgänger, kaum je ein Auto, das sich auf der holprigen Schneefahrbahn fast im Schrittempo fortbewegte, um so mehr fielen sie auf. Tatsächlich schienen sie für eine Parallelwirklichkeit zu stehen, geradeso, als könnte der Despot die Geschicke des

Landes noch einmal in die Hand nehmen und wäre nicht seit auf den Tag genau zweieinhalb Jahren an Den Haag ausgeliefert, und der Slogan, für den er mit seinem Kopf herhielt, hätte wohl kaum sinniger sein können, »glasajte za istinu« (Stimmen Sie für die Wahrheit).

Ein Fahndungsplakat hätte nicht viel anders ausgesehen, und der Grund, warum ich in der Nähe von Užice an einem allein stehenden Straßenlokal hielt, obwohl Suzana mich bat, weiterzufahren, an einem verwitterten Holzhaus, das von außen in allem an den Saloon in einem Western erinnerte, einschließlich der obligatorischen Veranda und dem Balken zum Festmachen der Pferde, war dumme Neugier, weil es davorhing wie ein Bekenntnis. Es war am späten Nachmittag und das Licht in der Talenge nur mehr schwach, doch drinnen wurde es augenblicklich so dunkel, daß es unvorstellbar schien, daß draußen noch Tag war, und ich wäre am liebsten auf der Schwelle wieder umgekehrt, wagte es aber nicht, so sehr hätte es nach Flucht ausgesehen. Die Männer an den Tischen waren zunächst verstummt, dann setzte schlagartig der Lärm wieder ein, das Gegröle von durcheinanderredenden Betrunkenen, und ich versuchte, mich in der verrauchten Bude an die Dunkelheit zu gewöhnen und mich umzusehen, ohne daß sie meinen Blick auffingen. Den größten Radau machte eine Gruppe in der Mitte des Raums, zwei Ältere, unrasiert, die beide eine šubara aufhatten, die »Tschetnik-Kappe«, die ich bisher nur von Photos gekannt hatte, und zwei Kerle, nicht mehr jung, mit den Gesichtern und Staturen von Trinkern, die jahrelang körperliche Schwerstarbeit verrichtet hatten oder auch nur aus jeder Fasson geratene Bodybuilder waren. Bei ihnen saß ein Behinderter, und der wirkte auf erschreckende Weise klarsichtig und nachdenklich, ein verirrter Engel, dem die Pupillen immer wieder wegsackten und der mit geschlossenen Augen sein Bier trank, während die anderen wild gestikulierten und keine Notiz von ihm nahmen.

Der Übergang war unmerklich, dann löste sich aus dem Tumult eindeutig ein Singen, ein paar Worte, vielleicht auch nur Silben, unverständlich, von zweien von ihnen abwechselnd vorgetragen, und sie endeten jeweils in einem lang anhaltenden Heulen. Sie reckten einander die Köpfe entgegen, die Gesichter in Zentimeterabstand, Wange an Wange, und brüllten sich gegenseitig in die Ohren, während sie sich aus den Augwinkeln, so schien es, belauerten, die Blicke unauflösbar ineinander verschränkt. Es erinnerte an das Drohverhalten von Hunden, die sich mit aufgestellten Nackenhaaren umkreisen, nur daß die beiden sich nicht zu der kleinsten Bewegung hinreißen ließen, so sehr war es offensichtlich Ehrensache, standzuhalten, und entschied eventuell eine Kleinigkeit, ob das Ganze in einem Angriff oder in einer Umarmung endete.

Ich ahnte augenblicklich, das mußte das Rere oder auch die Ganga sein, über die ich bei Dubravka Ugrešić gelesen hatte. Sie beschreibt in ihrem Buch *Die Kultur der Lüge*, wie sie im Sommer 1990, vom Meer kommend, bei einem Halt irgendwo hinter Sinj in einem Dorfgasthaus zum ersten Mal auf diesen »Männergesang« gestoßen war, »die primitivste folkloristische Form, die sich in der dalmatinischen Zagora, der Lika und der Krajina erhalten hat«, und während ich selbst wie erstarrt zuhörte, erinnerte ich mich an die Unheimlichkeit der Szene, die sie ausmalt, eine Wolfsnacht mit einem klaren Mond am Himmel. Für sie markierte das zusammen mit dem hell erleuchteten weißen Schiff, das sie auf der Weiterfahrt in der trockensten Öde am Straßenrand entdeckte, in seiner Absurdität den Beginn des Krieges, und auch wenn das Äußerste nicht mehr zu fürchten war, wußte ich dennoch nicht, ob ich die beiden Kerle nicht aus den Augen lassen sollte, oder gerade an ihnen vorbeischauen, als kümmerte ich mich nicht um sie und nähme sie nicht einmal zur Kenntnis.

Zumindest ging es zwischen ihnen noch eine ganze Weile hin und her, und als das Geheul schließlich zum Erliegen kam, stand der eine auf und setzte sich an einen Nachbartisch, und da erst sah ich die Aufschrift auf dem Rücken seiner Jacke. Es konnte kein Zufall sein, unmöglich, sagte ich mir, entweder er war ein unverbesserlicher Sympathisant, oder er hatte tatsächlich eine Vergangenheit als finsterer Kämpfer, denn nach allem, was passiert war, würde auf dem ganzen Balkan niemand diesen Schriftzug zur Schau stellen, ohne etwas damit zu bezwecken, oder gar eine Mode daraus machen. Denn während er auf seinem Ärmel ein Wappen in den bosnischen Farben mit einem »S&V« darin trug, aus dem ich nicht schlau wurde, zog sich das Wort »Tiger« in Blockbuchstaben über seine Schultern, und das war der Name für Arkans auf der anderen Seite der Drina mordende paramilitärische Einheiten gewesen, die, beginnend mit Bijeljina im Norden, bei den sogenannten ethnischen Säuberungen überall in Bosnien zur Stelle waren, nachdem sie davor bereits in Kroatien ihre blutigen Auftritte gehabt hatten.

Wir waren schon wieder draußen, als mir klar wurde, daß ich Suzana da nicht hätte mit hineinziehen dürfen. Obwohl wir unbehelligt aufgestanden und gegangen waren, hätte ich bemerken müssen, daß sie still geworden war, als könnte jedes Wort, das sie sprach, und wäre es auf deutsch, ihre Herkunft verraten. Wir waren schon fast an der bosnischen Grenze, als sie sagte, sie wolle so schnell wie möglich ans Meer, und ich hatte ihr nichts mehr entgegenzusetzen, so absurd kam mir auf einmal mein Herumgekurve in der frühen Dunkelheit vor, und willigte ein, gleich am nächsten Morgen von Višegrad, wo wir über Nacht blieben, ohne weiteren Aufenthalt über Sarajevo und Mostar nach Split zu fahren.

Es war nicht das erste Mal auf meinen Reisen durch Kroatien und Bosnien und jetzt auch durch Serbien, daß ich mich gegen den Eindruck wehren mußte, aus der Wirklichkeit direkt in eine Fiktion geraten zu sein, in der sich im schlimmsten Fall der Schrecken nicht mehr von einer Folklore des Schreckens unterscheiden ließ. Manchmal schien es mir fast, als gäbe es so kurz nach einem Krieg ein anderes Verhältnis von Zufall und Notwendiget, wenigstens hatte die Realität von Nachkriegslandschaften, sowie nur eine Kleinigkeit zu der wahrgenommenen Leere dazukam, für mich schnell etwas Überbestimmtes, und wenn sie damit wie aus einem Roman war, einem schlechten, mit einem Erzähler, der seinen Lesern nichts zutraute und noch und noch Daten lieferte, obwohl längst kein

Zweifel mehr bestand, Beweise, daß alles viel grausamer gewesen war, als man es sich je hätte ausmalen können, galt es, bei ihrer Beschreibung dem Überdruß entgegenzuwirken. Das im Blick, war ich zwar nie ohne Absicht herumgefahren, aber ich hatte versucht, eine künstliche Absichtslosigkeit zu erzeugen, im Vertrauen darauf, daß die Routen, wie auch immer ich sie wählte, zusammengenommen ein Netz und damit etwas Zwingendes ergeben würden, das, wenn schon nichts anderes, so wenigstens meine jugoslawische Geschichte war, und hatte mich immer überraschen lassen von dem Zuviel an jedem Knotenpunkt, von dem regelrechten Anbranden an Erzählbarem, das sich gegenseitig auszulöschen drohte.

Ich blättere in meinem Notizheft, und wie als Abwehr dagegen findet sich darin nichts weiter von dieser Reise als ein paar Postkartenansichten und eine Beschreibung des Meeres am Neujahrstag, als sollte sie mich irgendwann daran erinnern, daß das Jahr 2004 gut angefangen hatte. Das Blau fast schwarz, lese ich, weit draußen eine Fähre, aber die Aufschrift »Jadrolinija« in der Sonne trotzdem gut erkennbar, und weiß nicht, was ich damit anfangen soll. Beinahe frühlingshaft, steht weiter da, zu Mittag lange im Freien gesessen, und Rogoznica, Poličnik, Ljubač, die Stationen auf der Fahrt nach

Hause, aufgeschrieben um des schieren Aufschreibens willen, wie mir jetzt scheint.

Seither war ich noch einmal in Bosnien und Kroatien gewesen, in der Woche nach Ostern, und der Glaube, mit den Lesungen, die ich vor Studenten in Sarajevo und an anderen Orten hielt, würde ich die Geschichte meines Romans dorthin zurückbringen, wo ich sie unter anderem her hatte, war genauso romantisch wie falsch. Viele von den Zuhörern waren damals im Krieg als Kinder nach Deutschland oder nach Österreich geflohen, und jetzt sprachen sie ein perfektes, oft regional gefärbtes Deutsch und studierten Germanistik, und wenn mein Buch vor einer Wirklichkeit standhalten mußte, dann auf jeden Fall vor ihrer. Es war aber weniger die Angst, sie könnten mir faktische Fehler nachweisen oder ich könnte die Atmosphäre nicht richtig getroffen haben, als daß ich ihnen in einer Weise darüber hinaus gerecht werden wollte, in der ich es nicht konnte. Das Ungenügen, das ich ihnen gegenüber empfand, war ein grundsätzliches Ungenügen der Literatur und ihrer Möglichkeiten, wie ich es in diesem Ausmaß vorher nie gespürt hatte, und das ließ sich nicht beseitigen, oder ich müßte etwas anderes tun und nicht schreiben, hätte in Wahrheit schon zwischen 1991 und 1995 etwas ganz anderes tun müssen.

Den Ort im Kosovo, an dem Gabriel Grüner erschossen worden ist, habe ich nie aufgesucht. Es war ein Tabu für mich, dorthin zu fahren, geradeso, als bestimmte die eingehaltene Entfernung die Distanz meines Schreibens zu seinem Leben. Herausgekommen sind dadurch am ehesten Kreisbewegungen um die Leerstelle seines Todes, den Abgrund, in dem alle Fiktionen ins nur mehr Faktische fallen wie in ein riesengroßes schwarzes Loch.

Diese Situation versucht der Journalist Paul in meinem Roman zu umgehen, indem er über die Stelle, an der Allmayer gestorben ist, in einem fort spricht, als müßte er sie erst konstruieren, ohne jemals dorthin zu gelangen. Statt dessen fährt er an einen anderen Ort, der zwar kein fiktiver Ort ist, aber der Ort eines fiktiven Todes. Denn am Ende findet er sich auf dem Mali-Alan-Paß im Hinterland von Zadar wieder, wo in den Karl-May-Verfilmungen der sechziger Jahre die Todesszene von Winnetou gedreht worden ist.

Es gibt ein Photo von zwei bosnischen Soldaten, auf das ich in einer Zeitschrift gestoßen bin und das mir von allen Bildern, die ich von den Kriegen in Jugoslawien gesehen habe, am nächsten gegangen ist, gerade weil es keine Greuel zeigt, sondern die Reaktion darauf in ihren Gesichtern. Sie stehen, in Brusthöhe abgeschnitten, dicht nebeneinander, wobei der Jüngere dem Älteren einen Arm um die Schultern gelegt hat, und die Legende daneben sagt, daß sie beim Begräbnis eines gefallenen Kameraden sind, aber es ist nicht das, nicht das Wissen um die Umstände, das es für mich so eindringlich macht, im Gegenteil, fragt man sich doch automatisch, was sie gesehen, was sie erlebt haben müssen, wenn man sie anschaut, und stellt sich ohne jede Antwort das Schlimmste vor. Beide kämpfen mit den Tränen, der eine den Blick in den Himmel gerichtet, ohne daß man seine Augen sieht, der andere den Kopf gesenkt, und es ist dieses Nebeneinander von einerseits Ohnmacht und Anklage und andererseits Scham sowie die Tatsache, daß sie Uniformen der »Armija« tragen und trotzdem hilflos ausgeliefert sind, was mich jedesmal wieder in seinen Bann zieht, wenn ich es betrachte.

Ich hatte meinen Roman fast schon beendet, als ich das Bild gefunden habe, und doch kommt es mir jetzt vor, als könnte es Ausgangspunkt wie Endpunkt meines Schreibens über den Krieg sein. Es sind nicht allzu viele Dinge, die ich sonst aufbewahrt habe, Stadtpläne, Hotelrechnungen, einen penibel ausgefüllten Strafzettel, beinahe wie eine Urkunde, fürs Zu-schnell-Fahren in der Republika Srpska (10 Konvertible Mark), Fährverbindungen nach Brač und Hvar, einen alten 5000-Dinar-

Schein mit dem Bild von Tito, den ich einem Tröd-
ler in Mostar abgekauft habe, sowie einen Prospekt
aus dem Holiday Inn in Sarajevo, auf dem unter anderem eine makabere »Mission-Impossible-Tour«
zu den ehemaligen Kriegsschauplätzen angeboten
wird (»On this tour you can see all of the Market-
place Massacre«), und ähnliche mehr oder weniger
aussagekräftige Souvenirs. Wie willkürlich ich sie
auch zusammengewürfelt haben mag, sie sind alle
Teil einer Geschichte, die historischen Ansichten
von Vinkovci mit dem »Kön. Obergymnasium«
oder der Ulica Franje Ferdinanda genauso wie der
Beograd-Expreß vor Spital am Pyhrn mit einer
Dampflokomotive, aufgenommen am 10. 7. 1971 in
einer kargen Kindheitslandschaft, oder der Zei-
tungsausriß mit einem Kartenausschnitt, der die
Gebietsansprüche Jugoslawiens an Österreich nach
dem Zweiten Weltkrieg zeigt und dessen Demarka-
tionslinie nördlich von Villach und Klagenfurt und
genau durch Griffen verläuft. Kein Fund, der nicht
dazugehören würde, der Satz VEINET NICHT
DIEZE VELDT VAR NICHT FÜR MICH, ab-
geschrieben in seiner himmelschreienden Ortho-
graphie von einem donauschwäbischen Grabstein
auf einem Friedhof in Osijek, das Kreuz mit den
vier kyrillischen »C« in seinen Quadranten, die
lateinischen »S« entsprechen, auf ein paar Mauer-

resten irgendwo in Bosnien, »Samo Sloga Srbina Spašava« (Nur Einheit kann die Serben retten), die Liedzeilen von Gianna Nannini, »tu sei bianco, tu sei nero, tu sei quasi jugoslavo«, oder was auch immer – solange Raum bleibt, etwas zu erzählen, und nicht alles Erzählen von vornherein erstickt wird.

Denn das gibt es auch, etwa in einem Buch von zwei sich als Unternehmensberater für den Kosovo-Krieg betätigenden Amerikanern, herausgegeben von der Brookings Institution in Washington, das mir in die Hände gefallen ist. Sein Titel lautet *Winning Ugly*, und auf die zwei Kapitel *Losing the War* und *Winning the War* folgt eines, das sich *Conclusions and Policy Implications* nennt, in dem sie diskutieren, wie ein vergleichbarer Einsatz in Zukunft politisch und militärisch besser zu organisieren wäre, was mich noch in der Nacherzählung in ihren Jargon verfallen läßt. Das Individuum spielt in ihren Überlegungen kaum eine Rolle, und sollte ich irgendwann doch noch Argumente für die Literatur suchen, für das Warum und Wozu des ganzen Unterfangens, dann brauche ich mich nur daran zu erinnern, wie sie die entscheidenden Tage Mitte Juni 1999 abgehandelt haben.

»Serb forces withdrew from Kosovo essentially as demanded«, schreiben sie, und es bleibt kein Platz für einen Hinweis darauf, daß dabei zwei für eine deutsche Zeitschrift arbeitende Journalisten und ihr Übersetzer ums Leben gekommen sind. »No major incidents occurred as they moved out and NATO forces moved in.«

Da klingt der Titel eines Artikels, den Daniel Pearl ein halbes Jahr nach Kriegsende geschrieben hat, ganz anders, *Search for Mercy Ends in Tears on Quiet Kosovo Street*, und ich gestehe, daß ich im ersten Augenblick die irrationale Hoffnung gehegt habe, etwas über Gabriel Grüner darin zu finden, vielleicht sogar einen Hinweis darauf, daß er ihn gekannt hat, als wäre damit irgend etwas gewonnen. Es hat ein paar Tage gedauert, bis ich das Buch mit seinen gesammelten Zeitungsbeiträgen bekommen habe, um nachzulesen, worum es dabei geht, und natürlich verliert er kein Wort über ihn. Es ist eine desillusionierte Reportage über die Möglichkeiten eines neuerlichen Zusammenlebens von Serben und Albanern in der Region, die mit dem Satz »Thank you for reminding me that I'm in the Balkans« endet, aber auch wenn er sich darin nicht auf ihn bezieht, findet sich an einer anderen Stelle doch etwas, das mich als Reaktion darauf fast zum Mystiker hätte werden lassen.

Dort erzählt die Herausgeberin seines Buches *At Home in the World* nämlich von einem Fahrradausflug den Potomac hinauf, bei dem ihn ein Freund gefragt haben soll, ob er an ein Leben nach dem Tod glaube.

Seine Antwort kommt zögerlich.

»I don't know«, sagt er, um seine Zweifel im nächsten Augenblick zu verstärken. »I don't have answers, mainly just questions.«

Dann fügt er etwas hinzu, das einen beim ersten Lesen nicht nur wegen des darin vorkommenden Namens verblüffen muß. Zwar folgt die Auflösung auf dem Fuß, es ist offenbar ein Zitat, dessen er sich bedient, ohne es anzugeben, aber das Erstaunen hält sich eine Weile. Er hat den Titel eines Songs verwendet, den der Freund nach seinem Tod auf dem Album *Stuff Smith and the Onyx Club Orchestra* in seiner Plattensammlung findet.

»I Hope Gabriel Likes My Music.«

Das soll, groß geschrieben, der letzte Satz sein.

»I Hope Gabriel Likes My Music.«

Beweismittel

Kopie eines Namensschildes, angefertigt vom Träger selbst, der das Original partout nicht aus der Hand geben wollte, in der Nacht vom 24. auf den 25. Dezember 2003 im Hotel Palace in Zagreb